YOU'ERYUAN KEYAN KETI
YANJIU ZHINAN

幼儿园科研课题研究指南

吴采红　王婷婷　等 ◎ 编著

中国农业出版社

北　京

编写人员名单

编著人员： 吴采红　王婷婷　王树巧　庞晓琴

刘乐琼　张　鹏　马莹芳　郭春洋

陈锐娟　刘婉婷　弓剑虹

编辑统筹： 梁艳萍

从"仰望者"到"实践者"

　　"研究"的本质就是钻研与探索。无论我们做什么工作，什么事情，认真思考，主动寻求事物的根本性原因、探求更好和更可靠思路与方法的精神都是必需的品质，做幼教工作更是如此。因为我们面对的是人，是刚刚开始成长的人。理解教育对象，了解教育对象及其生活的环境绝非简单之事。幼儿是各不相同的，其生长的环境更是千差万别，不了解、不探索和不研究怎能做好教育。幼儿园麻雀虽小五脏俱全，高效、高水平地开展保教工作也是学问极深的。这样一来，做好幼儿园工作，做好幼儿的保育和教育，必须要研究，而且要时时研究，处处研究。

　　随着幼儿教育的改革与发展不断深入，提升幼儿园品质和促进其内涵发展是幼教事业的迫切要求，向教研要质量，向科学研究（"研"指审查、细磨；"究"是指穷尽、追根求底）要品质已成为普遍共识。幼儿园的教、科、研到底是什么？教师从自己面临的诸多问题和困惑中，确定最主要的、最急需解决的重大问题，需要运用科学的研究方法，按照研究逻辑，有目的、有计划地解决问题，这个过程其实就是课题研究的过程。通过科研课题研究，让我们心中的疑问得以明朗，遭遇的困难有所缓解甚至解决；通过科研课题研究，促进了教师对自身教育教学行为的不断反思、调整和优化，从而形成有效的教育经验。因此，课题研究是教师教育智慧成长的源泉，是推动幼儿园不断前行和可持续发展的内在动力。

　　《中国教育改革和发展纲要》指出，"各级领导和教育行政部门要把教育科研和管理信息工作摆到十分重要的位置"；教育部《关于加强新时代教育科学研究工作的意见》明确提到，要提高教育科研工作质量和服务水平、推进教育科研体制机制创新、建设高素质创新型科研队伍、提高教育科研工作保障水平。

随着国家层面越来越重视教科研工作，近几年，幼儿园也越来越意识到教科研工作的重要性，开展科研课题研究的热情和积极性非常高涨，幼儿园课题开展得如火如荼，但同时也暴露出许多问题，如对幼儿园开展课题研究的价值理解不够深，科研工作的出发点不够明确，科研工作过分追求形式，科研管理不够规范，课题研究过程欠真实、欠深入，课题研究成果得不到较好推广与运用，等等。这些教科研中表现出的问题，正如本书著者所言：幼儿园目前能充分认识课题研究的价值，但实施过程易流于形式；能结合实际需求进行选题研究，但缺少对选题内容的深度剖析；能根据需求选择适宜的研究方法，但具体研究方法的使用不到位，不用心；能以问题为导向开展课题，但对研究问题的实质转化、分解能力不足；能依据人员实际部署工作，但缺乏研究层面的有效思路与方案，以及系统部署和整体安排；能注重研究成果的积累与呈现，但对研究成果认识不到位、重视不够，因而应用局限，甚至研而弃之。

因此，要真正发挥教科研工作对促进教师专业能力提升和幼儿园优质发展的重要作用，如何促进幼儿园教师教育科研素养的提升是急需解决的事情。首先，教师必须形成教则研的意识和态度，具备孔子所说的"学而不思则罔"的品质。对我们教师而言，应是教而不研则罔，因此教师要具备科研课题研究的基本态度与品质。其次，要引导教师提升运用科学方法开展课题研究的能力。《幼儿园科研课题研究指南》是中国科学院幼儿园的教科研团队在基于对该园教科研课题研究多年经验积累的基础上，认真分析诊断自我，紧密结合幼儿园一线开展科研课题的实践工作，通过对大量科研课题典型案例进行深度剖析而形成的理论与实践相结合的教科研指导手册。书中较为系统、全面地介绍了幼儿园开展科研课题涉及的方方面面，有着较强的操作性和实践性，对幼儿园引导、规范教科研课题研究有着非常强的参考价值和指导意义，对广大幼儿教育工作者而言，学会思考与研究都是大有裨益的。

北京教育科学研究院早期教育研究所副研究员

中国学前教育研究会秘书长　　　　　　廖丽英

2020 年 7 月 19 日

让教师走进课题研究

随着我国幼教改革的推进，"科研兴教""科研兴园"逐渐深入人心，教育科研越来越受到重视。《国务院关于基础教育改革和发展的决定》指出："积极开展教育教学改革和教育科学研究"。"广大教师要积极参加教学实验和教育科研。"《幼儿园教师专业标准（试行）》指出"让教师成为自身实践的研究者"，教师做科研课题实质上就是在研究教育教学实践，它能够促进幼儿园教师的专业发展，促进幼儿更好地发展，从而使教师体会到更多的职业幸福感。

尽管越来越多的幼儿园教师能够意识到教育科研的重要性，但是又觉得教育科研高不可攀，认为只有研究生或者园长才能做课题研究，课题研究离自己很远，对科研课题的开展有着很多的困惑和问题。

出版《幼儿园科研课题研究指南》一书的目的，就是以幼儿园教师人人能够看懂的视角来解读幼儿园科研课题研究。本书的编写团队中既有来自幼儿园教科研管理部门的教研员，也有幼儿园的课题负责人，还有参与课题研究的骨干教师。希望能够为幼儿园教师提供具有实操性的内容和建议，通过易于理解的语言帮助各位老师正确认识科研课题，了解如何选题，如何开展课题研究，在过程中如何正确地运用研究方法，如何梳理总结成果，如何将课题研究与日常教育教学相结合，如何将课题成果更好地推广与应用。

本书共分为 4 章：第一章主要介绍幼儿园课题研究的概念、特点和价值。第二章为课题研究现状的调研结果，诊断出有益经验和存在的误区、问题。第三章详细介绍了选题、课题立项、开题、常用的研究方法，阶段性成果的梳理，课题结题，课题成果的应用与推广，以及课题推进的保障措施。第四章针对老师们在课题研究中常见的问题进行分析和解答。

本书具有以下 3 个特点：

1. 可读性强。语言通俗易懂，问答式的语言增加对话互动感。为了增强本书的可读性，每一章节的撰写都尽可能结合具体生动的案例进行分析说明；对于较难理解的术语，书中做了生动形象的比喻，如在课题选题中，可以根据教学实际，采用"剥笋法"；对于一些重要的内容，书中以问题的形式来呈现，如在选题前要学会 3 问：自己的问题他人有没有解决？相似的课题近几年研究的人多不多？自己的探索有没有新的发现？这种娓娓道来的方式感觉和读者在对话、交流，通过问题引发读者对课题研究进行深入思考。

2. 支架适宜。本书无论从内容上还是从写作方式上都力求适合一线教师的理解和阅读，可以说是一本符合一线教师最近发展区的科研指导手册，可以帮助和支架教师突破课题研究中的壁垒。本书甄选了困惑一线教师的十余个问题，如"如何更好地将课题研究与日常教育教学相结合"，这些问题来源于老师们的真问题、真困惑，在回答时，我们用理论与案例相结合的方式来回答，力求做到深入浅出地分析，帮助老师们找到课题研究过程中遇到的问题的解决对策。

3. 科学系统。本书对课题研究的各个环节所要把握的重点、难点进行了深入细致的介绍，帮助教师学会选题，掌握常用的科研方法，并且能顺利实施课题，学会梳理提炼课题成果，顺利完成结题工作，最后让课题成果得到有效的应用和推广，科学系统地阐释了幼儿园科研课题研究的目的、意义、内容、方法和策略。帮助幼儿园一线科研工作者梳理课题研究的关键问题和关键步骤，可以说，是幼儿园一线科研工作者的课题研究"教科书"。

本书既可以作为提升幼儿园教师科研素养的书，也可以作为一本课题研究中的工具书来使用，如：很多老师认为研究方法是块硬骨头，不好啃，甚至不敢啃，觉得研究方法特别难，自己根本掌握不了。针对这一难点，书中展示了多个幼儿园课题运用研究方法的过程和取得的结果，通过这些生动具体的案例，为大家揭开研究方法的面纱。希望本书对正在进行或准备进行科研课题研究的教师们有所启迪和帮助，希望更多的教师通过本书的阅读能够建立起对科研课题研究的信心，在研究的过程中体会到研究给自己的教育教学工作带来的帮助，爱上研究，善于研究，最终成为研究型的教师。

编著者

2020 年 7 月

目　　录

从"仰望者"到"实践者"
让教师走进课题研究

第一章　幼儿园科研课题研究概述 ·· 1

　第一节　幼儿园课题研究的内涵 ·· 3

　　一、幼儿园课题研究的概念 ··· 3

　　二、幼儿园课题研究的特点 ··· 4

　第二节　幼儿园课题研究的价值 ·· 7

　　一、幼儿园课题研究的意义 ··· 7

　　二、幼儿园课题研究的必要性 ··· 8

　　三、幼儿园课题研究的可行性 ··· 9

　第三节　幼儿园课题研究的基本步骤及注意事项 ············· 11

　　一、幼儿园课题研究的基本步骤 ··· 11

　　二、研究步骤中应注意的问题 ··· 11

第二章　幼儿园课题研究现状的诊断与评析 ………… 13

第一节　幼儿园课题研究现状的调研 ………… 15
一、调研情况简介 ………… 15
二、问卷调查数据说明 ………… 16
三、访谈要点分析 ………… 19

第二节　幼儿园课题研究现状诊断与评析 ………… 21
一、能充分认识课题研究的价值，但实施过程易流于形式 ………… 21
二、能结合实际需求研究选题，但对选题内容的深度剖析不够 ………… 24
三、能根据需求选择适宜的研究方法，但具体研究方法的操作欠佳 ………… 28
四、能以问题为导向开展课题，但对研究问题的转化、
　　分解能力不足 ………… 31
五、能根据人员实际水平部署工作，但缺乏研究层面的系统指导 ………… 32
六、能注重研究成果的积累与呈现，但对研究成果认识不到位、应用局限 ………… 33

第三章　幼儿园课题研究的开展 ………… 35

第一节　课题选题 ………… 37
一、发现研究问题 ………… 37
二、筛选研究问题 ………… 42
三、确定研究课题 ………… 45

第二节　课题立项 ………… 48
一、课题申报的程序 ………… 48
二、申报书的撰写 ………… 50
三、课题申报的要求 ………… 60
四、课题申报书实例 ………… 61

第三节　课题开题 ………… 68
一、开题论证的含义和价值 ………… 68
二、开题论证的方式 ………… 68
三、开题报告书的撰写 ………… 70

四、开题报告书的结构 …………………………………………… 70

第四节　研究方法的运用 ……………………………………… 71

一、行动研究 …………………………………………………… 71

二、文献研究法 ………………………………………………… 72

三、观察研究法 ………………………………………………… 77

四、调查研究法 ………………………………………………… 85

五、经验总结法 ………………………………………………… 91

六、个案研究法 ………………………………………………… 92

七、教育实验研究法 …………………………………………… 94

第五节　课题阶段性成果梳理 ………………………………… 99

一、阶段性成果的类型及其撰写 ……………………………… 99

二、课题中期检查的相关要求 ………………………………… 121

第六节　课题结题 ……………………………………………… 127

一、结题的办法和工作要求 …………………………………… 127

二、研究报告的撰写 …………………………………………… 128

三、研究工作报告的撰写 ……………………………………… 134

四、结题意见书的填写 ………………………………………… 138

五、课题成果鉴定评估标准 …………………………………… 143

第七节　课题成果应用与推广 ………………………………… 145

一、课题成果应用与推广的内涵及意义 ……………………… 145

二、课题成果应用与推广的类型 ……………………………… 146

三、课题成果应用与推广的条件 ……………………………… 147

四、课题成果应用与推广的途径及步骤 ……………………… 148

五、课题成果应用与推广的注意事项 ………………………… 151

第八节　课题推进的保障 ……………………………………… 153

一、营造主动研究的文化氛围 ………………………………… 153

二、建设专门的课题研究组织 ………………………………… 154

三、建立科学规范的课题管理制度 …………………………… 155

四、建设规范完整的课题研究档案 …………………………… 159

第四章　幼儿园课题研究中常见的问题分析与对策 ……… 161

第一节　对课题的认识 ……… 163

问题一：课题研究的目的是什么，就是为了幼儿园评级和

　　　　教师职称晋升吗？ ……… 163

问题二：教师的研究意识和研究能力不强怎么办？ ……… 164

问题三：课题研究等同于教研吗？ ……… 165

问题四：结题就等同于写一篇论文吗？ ……… 166

第二节　课题研究的科学性 ……… 168

问题一：课题研究目标如何制定？ ……… 168

问题二：如何确定适宜的研究方法？ ……… 168

问题三：研究方案预期的效果没有达到怎么办？ ……… 170

第三节　课题实施中的问题 ……… 171

问题一：课题研究实施与推进过程中可根据实际情况调整研究方案吗？

　　　　可否变动题目、目标、研究方法等？ ……… 171

问题二：如何保证课题研究的持续稳步推进？ ……… 171

问题三：课题研究的过程中管理者如何进行有效的管理？ ……… 172

问题四：课题研究过程中教师如何提升自身专业素养，

　　　　加强理论支持？ ……… 173

问题五：如何更好地将课题研究与日常教育教学相结合？ ……… 174

第四节　课题成果的有效运用 ……… 175

问题：如何让课题阶段性成果显著？ ……… 175

附录 ……… 177

附录1　中国学前教育研究会"十三五"课题指南 ……… 179

附录2　开题报告（节选） ……… 184

附录3　问卷和调查报告 ……… 196

附录4　学术论文实例 ……… 205

附录5　学术论文实例 ……… 216

第一章

幼儿园科研课题研究概述

第一节　幼儿园课题研究的内涵

一、幼儿园课题研究的概念

我们身为幼儿园教师，奋战在幼儿园的工作岗位上，或多或少接触过课题研究，但是我们所想、所理解的"课题研究"和真实的课题研究是不是一回事呢？课题研究是怎样定义的呢？

其实，课题研究是个大概念。《现代汉语词典》中把课题解释为研究或讨论的主要问题或亟待解决的重大事项。科学研究是指运用科学的方法获取科学知识的实践过程，是发现问题、分析问题、解决问题的过程，任何一个科学研究都是借助课题完成的。从这个角度讲，课题研究就是科学研究。所以我们可以按照"科学研究—教育科学研究—学前教育科学研究"这样的思路去理解幼儿园课题研究。那么，什么是教育科学研究，什么又是幼儿园课题研究呢？

教育科学研究是指运用科学的方法，以教育学、心理学等理论为依据，以教育现象为对象，以探索教育规律和解决教育问题为目的的创造性活动。幼儿园课题研究是在幼儿园这个范围内开展的，由幼儿园工作人员主持的，为解决本园工作中发现的问题而开展的创造性活动，是以学前教育学、心理学等理论为依据，研究幼儿园教育现象，以探索幼儿教育规律和解决幼儿园教育实践问题为目的的创造性活动。

幼儿园课题研究的过程不仅是获取科学认识、认识幼儿教育规律的过程，也是科学解决问题的过程，还是科学改造现状、改进幼儿园教育实践的过程。教师从自己面临的诸多问题和困惑中，确定最主要的、最急需解决的重大问题，然后运用科学的研究方法，按照研究逻辑有目的、有计划地解决问题，这个过程其实就是课题研究的过程。例如某幼儿园拥有较好的园内种植条件，幼儿也对园中的户外种植区有着浓厚的兴趣，但是在实际工作中，很多老师对种植区的幼儿指导工作，会有束手无策的感觉，种植区并没有发挥其应有的教育价值。因此，该园从这一点出发，开展了"种植区中幼儿观察能力培养的支持策略研究"。一方面，充分挖掘种植区及植物资源的科学教育功能，实现幼儿的学习和发展；另一方面，支持和引领教师创设有准备的种植区环境，依托种植区和植物资源，探究幼儿观察能力培养方面的适宜有效的支持策略。

二、幼儿园课题研究的特点

幼儿园课题研究隶属于课题研究的范畴，所以它必然呈现出课题研究的特点，即系统性、人文性、问题性。

1. 系统性

幼儿园课题研究的系统性表现在两个方面。第一，课题研究必须运用相关的教育学、心理学理论，借助已有的教育实践经验，在幼儿教育行业或者本园已有研究的基础上更进一步，解决本行业或者本园的问题和困惑。这就要求课题研究者在开展课题研究之前对课题已有的相关研究进行梳理，查阅、分析相关文献，从中找出问题的切入点，论证课题是否有必要进行。如，某幼儿园对如何提供适宜的区域材料以及教师如何提供适宜有效的指导策略有困惑，幼儿园首先应该针对这个问题搜集资料、分析资料，看看是否已有研究者进行了相关的研究，研究成果是否适用于本园。如果通过检索发现针对这个问题已有不少研究，研究的成果也很丰富，且研究成果能够直接用来指导本园开展活动，那就没有必要重复进行。如果已有的研究不能解决本园的问题，就可以考虑在已有研究成果的基础上确立新的"研究点"，如本园的特色是科学教育，教师却在科学区、植物角中如何提供科学适宜的指导策略方面有疑问或困惑，这样就可以在已有研究的基础上，结合本园的实际情况开展更为具象的研究。第二，在课题研究思路确立以后，课题研究的开展与课题研究思路是相吻合的，研究的各个环节之间是密切相关、层层递进的，研究者有明确的研究目的，周密的计划安排，会采用科学的方法去探索，而不是无组织、随意进行的活动（详见第三章）。

2. 人文性

幼儿园课题研究是围绕着幼儿或教师进行的，研究的最终指向是为了幼儿的发展。这就决定了研究者必须充分了解幼儿的发展特点，了解幼儿的发展需求。无论是研究的选题、研究目的确立，还是研究方法的选取、研究过程的设计等，都必须充分考虑幼儿的发展特点和需求，坚持在人文关怀和伦理性背景下开展课题研究。研究过程中最基本的准则便是研究问题不会对研究对象及大多数人在心理或者生理上造成伤害。另外，幼儿园的课题研究还需要注意，凡是以幼儿为研究对象的，特别是幼儿作为实验被试时，必须征得幼儿父母或者监护人的同意，并且以文字形式向幼儿父母或者监护人进行相关说明；如果幼儿表现出不愿意参与研究互动，不能强迫其参与；幼儿需要保密的信息，研究人员也不能向其他人员透露。

3. 问题性

课题研究应该始于对问题的探究，终于对问题的解决，幼儿园的课题研究也不例外。课题研究的问题不是凭空想象出来的，而是源于日常的教育实践活动。从幼儿园的一日生活中发现问题，这对开展幼儿园课题研究来说十分重要。例如，教师发现幼儿在吃饭、加餐、洗手、喝水环节特别期待与值日生互动，这个现象说明了什么呢？往深处探究，发现可以初步形成"幼儿值日生发挥的隐性教育作用"的研究，由此也可以延展成榜样示范、同伴关注等相关研究。再如，很多家长反映幼儿在家和在幼儿园表现有很大不同，在幼儿园会更加自主和有序，在家则比较无序、没规矩，这就引导我们思考，是哪些因素促使幼儿的不一致行为呢？推测可能有幼儿家庭教育的影响，也有空间差异等客观因素的影响，那么，相关的"家园共育""家长教养行为"等方面的研究就此形成。

与其他课题研究相比较，基于开展的范围、研究的对象和目的的不同，幼儿园课题研究也有它自己独有的特点，即实践性和园本性。

4. 实践性

如果把课题研究按照研究目的进行分类，可划分为基础理论性研究和应用性研究。幼儿园课题研究就是典型的应用性研究，体现出很强的实践性。幼儿园课题研究是在日常教育教学活动中进行的，侧重于解决幼儿园工作中的实际问题，探寻的是解决问题的对策、方法、路径，重在回答"怎么办"，具有较强的可操作性和针对性。幼儿园课题研究是将学前教育理论应用于幼儿园实践的关键环节，探寻出来的教育规律、教育策略最终也会回到幼儿园教育工作的实践中去，指导实践，经受实践的检验。例如"幼儿教师在数学活动中的评价策略研究——以作品取样系统为例""幼儿园音乐游戏中教师指导策略研究"
"区域活动中幼儿同伴冲突解决的指导策略研究"等等。

5. 园本性

幼儿园课题研究的园本性主要体现在研究的内容来自幼儿园，与幼儿园日常工作密切相关，与本园状况密切相关；研究人员为幼儿园教职工，研究的目的是改进本园工作实践或提升某岗位人员的专业水平，这些不能直接应用于其他幼儿园，而需要经过一定的转化和培训。如，某幼儿园一直致力于探索中华优秀传统文化如何滋养幼儿成长，园内正在开展的"十三五"课题研究就是"中华优秀传统文化融入幼儿一日生活的行动研究"；再比如某幼儿园在艺术教育领域一直有着较好的口碑，园内也一直在艺术教育领域不断探索，于是开展了"艺术特色幼儿园音乐课程建构与实践"的课题研究。以上课题研究的成果都具有很强的园本性，其他幼儿园不能照搬照抄，需结合自己的特点进行转化。

第二节　幼儿园课题研究的价值

一、幼儿园课题研究的意义

总的来说，幼儿园开展课题研究的目的直指幼儿的发展、教师的成长、幼儿园的提升。这个顺序与人们对教育的认知是相吻合的，幼儿、教师、幼儿园的排序是学前教育以幼儿为本、以人为本的体现，同时也体现了幼儿园课题研究的内在本质。

1. 促进幼儿身心和谐发展

2001 年，教育部颁布《幼儿园教育指导纲要（试行）》（以下简称《纲要》），《纲要》中明确了以人为本、以幼儿为主体的思想。所以，幼儿园开展的任何教育实践，包括但不限于课程建设、环境创设、教师培训、改进教育方法等，最终都是为了幼儿的发展。

幼儿的发展是一个持续、漫长的过程，很难在某个课题研究中做一个定量的界定，即无法测定通过某个研究促使幼儿的某一方面获得了多少提升。幼儿的发展是众多已有的以及正在进行的课题研究推动的。通过课题研究，教师开始更多地关注幼儿，关注幼儿园一日教育活动如何最大限度地满足幼儿的发展需求，关注教育实践中的问题及如何解决问题，这些对于幼儿的发展都是有益的。围绕幼儿园教育教学中存在的一些具体问题展开的研究，最终是为了促进幼儿身心和谐发展。

2. 促进幼儿教师专业水平提升

（1）幼儿园课题研究能够促进幼儿教师更新教育理念

新的教育理念代替过时的教育理念是要通过教育实践进行的，主要体现在教育行为中。因为简单的视觉和听觉输入是无法实现理念转变的，需要教师在教育实践中去探究、体会，并与自己的教育实际结合起来。这个过程是一种理论联系实际的研究过程，既提升了教师的教育教学水平，又形成了新的教育理念。

（2）幼儿园课题研究能够强化幼儿教师的问题意识

幼儿教师对教育问题的关心和思考会促使他们形成问题意识，并寻求解决问题的方法，提高分析问题、解决问题的能力，同时还能提升教师的反思水平，成为"研究型"教师。

（3）幼儿园课题研究能够优化教师的专业能力结构

幼儿教师的专业结构包括观察能力、表述能力、表现能力、组织教学能力、撰写总结能力等。在课题研究过程中，大量文献资料的搜索与分析，其他课题成员的实践研究分享，都可以使教师丰富不同领域的知识，提高自身的文化修养和阅历；课题研究过程中的分工合作与讨论，以及思想碰撞，可以增强教师的凝聚力、归属感和责任心。

3. 促进幼儿园教育品质提升

教师是幼儿园能否持续发展的关键所在，课题研究能够促进教师专业成长，自然也会推动幼儿园教育品质，甚至全方位品质的提升。在开展课题研究的过程中，参与课题研究的教师会形成研究共同体，进而整个幼儿园也成为研究共同体，持续推动幼儿园获得新的发展。课题研究的成果也会带动幼儿园教师和幼儿共同成长，无形之中滋养幼儿园园所文化，为幼儿园教育品质持续提升奠定根基。

二、幼儿园课题研究的必要性

1. 幼儿园开展课题研究是响应学前教育领域相关政策的要求

2012 年，教育部颁布的《幼儿园教师专业标准（试行）》，标准中明确指出，幼儿教师的专业能力包括"针对保教工作中的现实需要和问题，进行探索和研究"的反思能力。结合当前学前教育发展现状，这项能力一般通过开展课题研究来得到提升和锻炼。随后，教师职称改革，新一级职称评定对幼儿园教师在专业方面提出了教科研能力的要求。

2. 幼儿园开展课题研究是教师专业化成长的有效方式

大量关于教师专业发展的研究表明，通过开展课题研究能够有效促进教师形成独立思考、分析和解决问题的反思意识和习惯，有助于培养教师拥有正确的儿童观、教育观，逐步确立严谨、科学的工作态度和意识。

3. 幼儿园开展课题研究是幼儿园教育教学工作发展的需要

幼儿园教育的对象是一群正在飞速发展、各方面都需要精心呵护和教育的幼儿，过程不可逆，如果采用的教育教学方式、方法不恰当，对幼儿健康成长造成的伤害将难以弥补。所以面向幼儿开展的教育教学工作必须是科学的、符合幼儿发展规律的。通过开展课题研究，教师能够更好地掌握、培养、引导幼儿发展的科学有效方法，更好地满足幼儿发展的需要。

三、幼儿园课题研究的可行性

课题研究的可行性是开展课题研究的一个重要问题，直接关系到课题研究能否顺利进行及完成。幼儿园课题研究能否顺利进行，取决于两个方面，即作为研究主体的研究者的主观条件，以及研究涉及的客观条件。

1. 研究者的主观条件

研究者的主观条件是指研究者的研究能力、知识结构、技术水平、个人专长、研究热情、发展目标等，也就是说主持课题的幼儿园管理者或者教师本人的研究能力、知识结构、技术水平、个人专长、研究热情、发展目标。

研究者的主观条件是课题研究可行性得以保障的动力，研究者会依据自身的研究能力、知识结构选择与之相匹配的研究领域、研究层次，进而确定研究课题，以便更好地胜任即将开展的课题研究。研究热情能够为研究者开展课题研究带来源源不断的精神动力；技术水平、个人专长、发展目标能够促使研究者更好地把控课题研究的进展，及时解决课题研究中可能出现的种种问题，使课题研究良性发展。

课题的选择应考虑研究者个体的特征，并结合个体的实际工作，如幼儿园一线教师可以较多地关注教育教学问题，幼儿园管理者可以较多地关注管理问题，比如教师队伍建设、教学质量评价、提高教师工作积极性、构建家园合作共同体等。

2. 课题研究涉及的客观条件

课题研究涉及的客观条件可以从外部政策环境、人员支持、物质保障等方面来分析。

第一，政策支持，鼓励幼儿园开展课题研究。近年来，随着各级政府逐渐加大对学前教育的重视，在课题研究的申请、立项上对幼儿园有了更多考虑和支持。特别是对于学前教育项目相关内容的细化，课题项目的增多，对各幼儿园项目申报的指导，都极大鼓励了幼儿园开展课题研究的积极性。

第二，幼儿园重视开展课题研究。在外部环境影响和园所发展需求的驱动下，园长也逐渐重视开展幼儿园课题研究，从观念到行动上为开展课题研究提供相关的保障，包括物质保障、人力保障、经费保障等方面。

第三，高校以及研究机构的专家、学者能够对幼儿园开展的课题研究给予指导。近些年，高校及研究机构的专家、学者与幼儿园的联系越来越紧密，幼儿园的课题研究更多地侧重实践，专家、学者在理论方面指导的能够使课题研究得到更多更专业的支持，更有深度。

第四，幼儿园家长支持幼儿园开展课题研究。如教师要开展"大班幼儿注意力培养策略研究"，幼儿的注意力培养是多方面持续作用的过程，必然少不了家长的支持与配合。

幼儿园课题研究能否顺利开展，客观条件是保障，主观条件是动力，二者缺一不可。

第三节　幼儿园课题研究的基本步骤及注意事项

一、幼儿园课题研究的基本步骤

在实际工作中，不少教师为开展课题研究做了很多准备，但真正去执行的时候，却如老虎吃天，无从下口。其实，理清了课题研究的思路和步骤，就能有条不紊地进行下去。

就目前幼儿园开展课题研究的状况来说，一般要经历 6 个步骤：选题（选定要研究的问题），申报立项（向相关的课题申报管理部门提交课题申报书，管理部门予以立项），开题（撰写开题论证报告，并且要通过专家的指导和评审），实施课题研究，结题（撰写课题研究报告或研究论文），课题成果的推广应用。

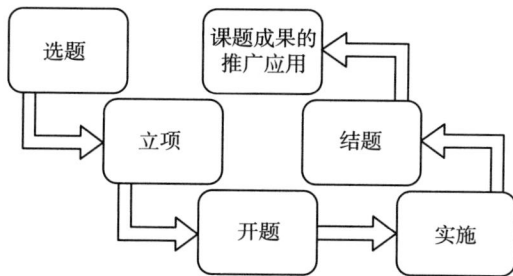

在整个课题研究的过程中，每一步之间都是紧密相连、环环相扣的，任何一个环节的疏忽与偏颇都会直接影响课题研究的进程及研究的效果，因此加强课题研究管理是非常有必要的。

二、研究步骤中应注意的问题

幼儿园在开展课题研究的过程中，要强化梳理阶段性成果的意识。由于幼儿园的课题研究属于应用型研究，研究是在实践过程中进行的，参与研究的教师往往容易沉浸在实践中，而忽视总结整理阶段性研究成果，进而影响整个课题研究的成果，所以强化梳理阶段性成果的意识尤为重要。

　　课题成果的应用和推广是检验幼儿园课题研究成效的一个重要标准。基于幼儿园实际情况的课题成果如果能够在本园内实践并获得预期效果，那幼儿园开展课题研究的初衷就得以实现。如果课题成果还能够对其他幼儿园、整个区（县），甚至在更大范围内有借鉴作用或者其他影响，那么这项课题开展的意义就是重大的。

第二章

幼儿园课题研究现状
的诊断与评析

第一节 幼儿园课题研究现状的调研

一、调研情况简介

为了全面、深入了解当前幼儿园课题研究的现状，重点关注和了解幼儿园管理者与广大一线教师对课题研究的理解与认识、课题研究过程中遇到的困惑与问题等，进而对当前研究现状作出较为客观的诊断与评析。为此，我们在全国范围内展开了调查研究。本次调研分为 3 个阶段。

第一阶段：查阅了幼儿园科研课题研究的相关文献，分析了北京地区若干所幼儿园在"十二五"和"十三五"期间开展的课题研究成果，并重点梳理了中国科学院幼儿园"十三五"期间申报的全部课题研究的详细内容，包括立项申请书、各阶段课题实施情况及结题报告等。

第二阶段：编制调查问卷和访谈提纲，对不同岗位、不同工作年限的幼儿园管理者和一线教师进行调研。

参与本次调研的幼儿园覆盖多个地区，涉及多种类型的园所。调研区域主要包括北京海淀区、朝阳区、石景山区、门头沟区、怀柔区，河北廊坊地区，

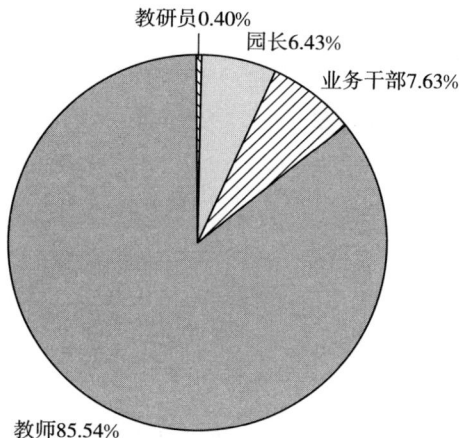

教研员0.40%
园长6.43%
业务干部7.63%
教师85.54%

有效问卷中 4 类人员的占比情况

湖南长沙地区，山东青岛地区，四川绵阳地区，辽宁大连地区和江苏常州地区；调研幼儿园类别包括省（市）级示范幼儿园、区级示范幼儿园、一级一类幼儿园等等。此次调研面向园长、业务干部、教研员和教师，共回收有效问卷249份。

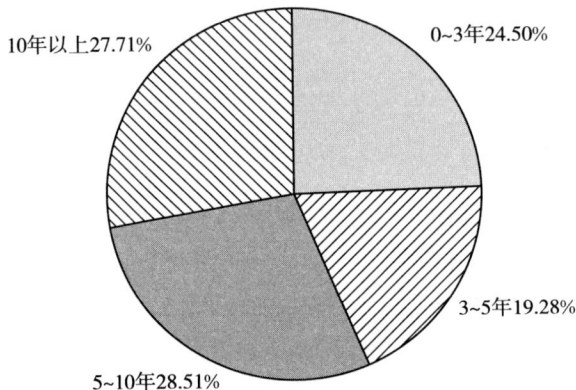

有效问卷中4类人员的工作年限占比情况

第三阶段：为了进一步了解幼儿园课题研究实际开展情况，以及不同岗位人员对课题研究的困惑与问题，我们以线上问卷调查为主要方式，针对不同幼儿园、不同岗位共计290人进行了半结构式访谈。这些数据和资料，一定程度上帮助我们更为清晰地从宏观层面了解不同地域、不同类型的幼儿园当前课题研究的实施状况，同时也有力地说明了当前幼儿园课题研究存在的一些亟待解决的重要问题。

二、问卷调查数据说明

目前，幼儿园教职工对课题研究并不陌生，或多或少，对其都有所了解。结合访谈获取的资料可进一步知道，尽管调研对象对课题研究已有一定的认知，但这些认识还比较零散，没有形成系统的概念。从问卷调查数据中可直观地看出，调研对象有63.45％的人对课题研究"有一些了解"，"十分了解"的人仅占调查总人数的25.3％。

幼儿园课题研究作为一项系统性工程，课题研究的参与者覆盖面较广，大多数幼儿园的管理者和教师都有参与的经历。绝大多数人认为课题研究对于幼

不了解0.80%

不太了解10.44%

十分了解25.30%

有一些了解63.45%

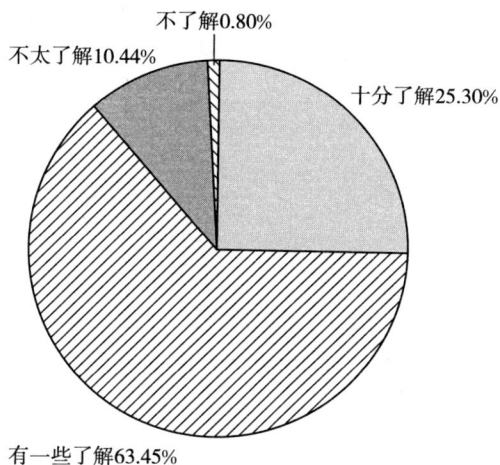

幼儿园教职工对课题研究的了解状况

儿园整体发展、保教工作质量提高、教育教学水平提升等具有积极影响，这说明幼儿园课题研究的必要性已被普遍接受。同时，61.04％的调研对象认为幼儿园进行课题研究十分必要。

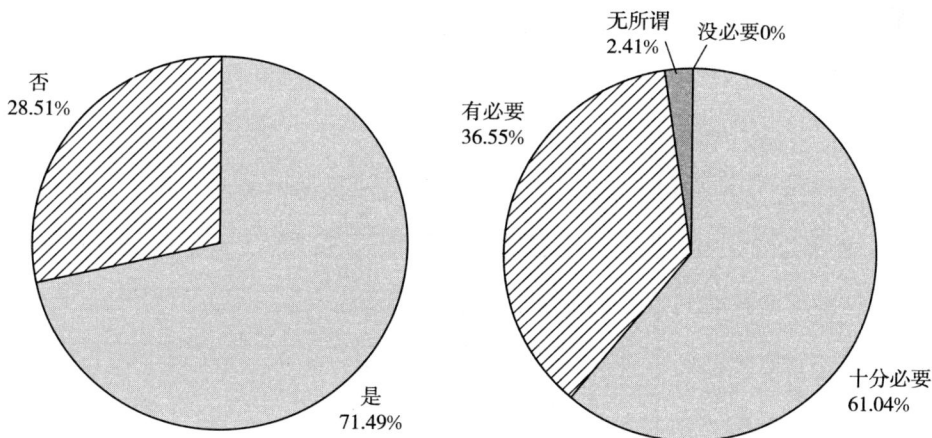

否
28.51%

是
71.49%

是否参与过课题研究的人员的占比情况

无所谓
2.41%　　没必要0%

有必要
36.55%

十分必要
61.04%

幼儿园教职工对课题研究的看法

关于课题研究实施过程中参与人员承担的工作内容，有77.51％的教师为课题研究的直接实施者。另外，有极少数教师除了参与课题实施外，还承担了其他方面的工作任务。

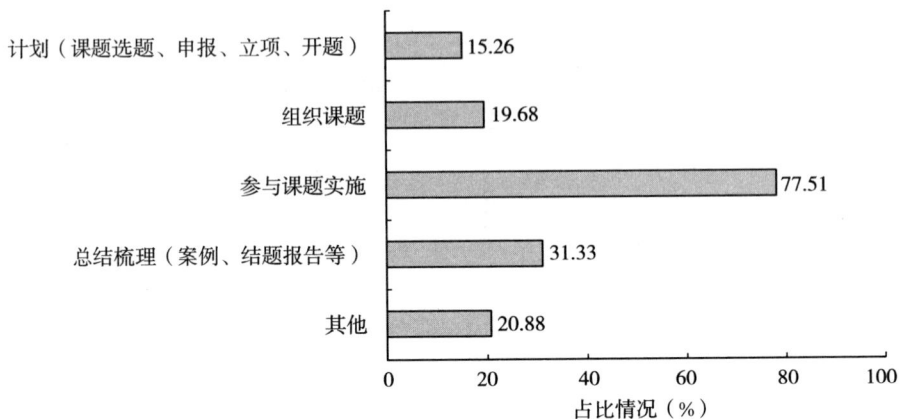

参与课题研究人员承担不同工作的占比

关于调研对象对课题研究的困惑及希望得到的支持，大家普遍在"如何有效推进课题实施""如何运用科学的研究方法""如何准确定位课题目标"这3个方面感到困惑，具体执行有难度；相应地，也更加希望在"如何科学地进行研究设计、运用合适的研究方法"方面获得指导与帮助。另外，在对课题研究实施不理想这一现状进行分析时，参与调研的多数人认为自身研究意识薄弱、研究过程不扎实、缺乏科学有效的研究方法是最为关键的因素。

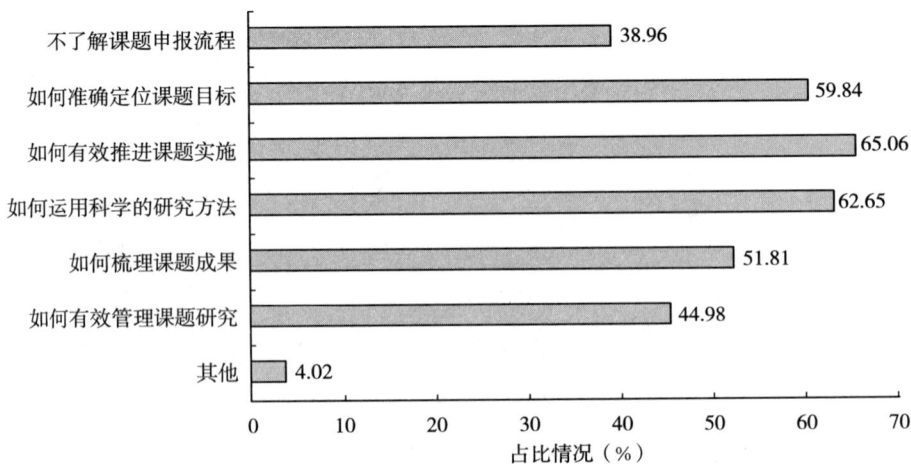

研究人员在研究过程中遇到的困惑种类的占比情况

开展课题研究的要求和步骤　57.03
研究课题选题的确定　58.63
如何科学地进行研究设计、运用合适的研究方法　81.12
研究成果如何梳理提炼（书写）　68.67
如何规范地撰写开题报告、结题报告　55.02

占比情况（%）

研究人员希望获得哪些指导与帮助的占比情况

管理者指导经验的缺乏　30.12
教师自身课题研究意识薄弱　60.64
课题的选题缺少科学性和有效性　45.78
研究过程不扎实　57.03
阶段成果梳理意识弱　45.78
缺乏科学有效的研究方法　51.81
课题成果的提炼与研究过程脱节　36.14

占比情况（%）

研究人员研究实施不理想的原因的占比情况

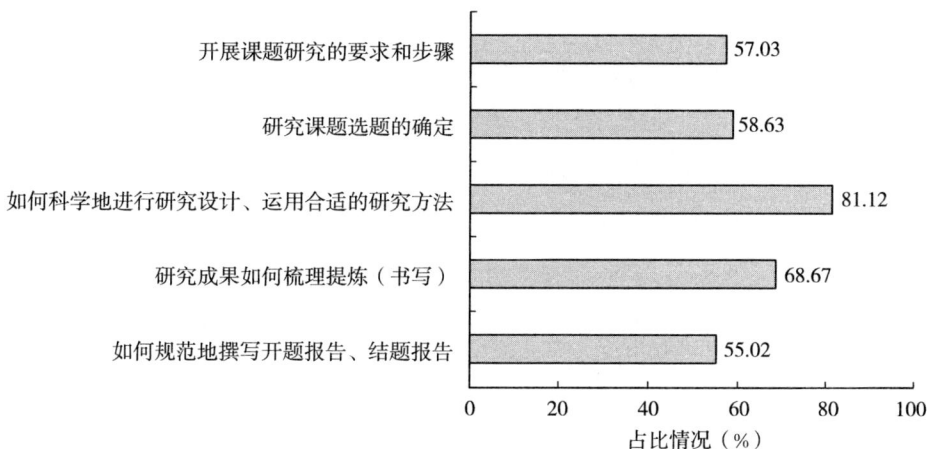

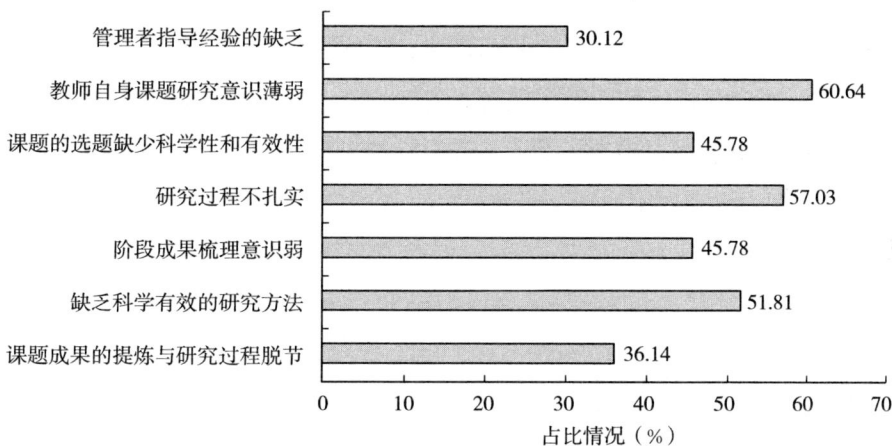

三、访谈要点分析

通过对不同区域、不同性质幼儿园的教育工作者进行半结构式访谈（访谈提纲详见附件），一些重要的问题得以显现。①绝大多数调研对象基本认识到课题研究对个人、对园所发展的意义与价值所在，只有极少数人认为课题研究会对教师造成一定的负担，而且课题研究不是所有教师想参与就能够参与的。②部分管理者认为必要的课题研究管理机制能够保证课题实施的有效性，只有个别管理者对课题研究有整体性的了解，大多数教师认为幼儿园课题研究十分必要，但在具体实施中有难度。③无论是幼儿园的管理者还是教师，基本都认为无法独立承担课题研究，需要借助行业专家、教育集团等有关人员的指导和帮助，才能够完成课题研究这项系统性工作。④作为教师，更多希望在知悉课题研究背景、总目标、阶段性目标及相应工作部署的前提下，立足自身岗位开展教育实践。

也就是说，当前的幼儿园课题研究对于教师这一重要群体来说，更加侧重于工作层面的"要求"，一定程度上忽视了在研究规划层面必要的指导和说明。

教师作为课题研究的实施者，他们既是教育实践中的参与者，更是研究过程中的发现者，如何有效发挥教师的"研究者"身份，并让其获得对此身份的认同，直接影响着课题研究的广度和深度，甚至课题研究的走向。其实，课题研究的意义与价值在于课题研究的过程和成果能够多大程度上帮助个体获得专业发展。一项课题研究对于每个人的意义和价值一般是不同的，有的人能够通过课题研究丰富自身的教育教学实践策略，拓展自身经验，解决一些之前无法有效解决的教育实践问题或是优化自身的教育教学实践；也有的人能够在课题研究与自身教育教学中找到联结点，进而延伸自身教育实践的深度和广度。

目前，大家对幼儿园课题研究的意义与价值已有较为理性的认知并形成了一定共识。通过多种途径的学习培训，大多数教师对于"课题研究要研究什么样的问题""研究方法有哪些""具体的研究方法要如何操作"有了初步的了解，基本掌握了一定的操作要领。但我们也要关注到，当前幼儿园课题研究在思想认识、选题过程、问题确定、方法运用等方面存在的认识上和实践上的误区，亟待修正与完善。以下将从课题研究已有的经验和课题研究存在的误区及问题展开详细论述。

第二节 幼儿园课题研究现状诊断与评析

依据本次调研数据和资料，结合幼儿园的大量课题研究案例及深度访谈内容，围绕课题研究的意义与价值、课题研究选题的来源、课题研究问题的转化与分解、课题研究方法的运用、课题研究管理机制的运行、课题研究成果的总结与应用 6 个方面，尝试进行诊断和分析，希冀较为清晰地梳理出幼儿园课题研究的有益经验，并客观准确地诊断存在的误区及问题，进而为幼儿园有效开展课题研究提供借鉴和参考。

一、能充分认识课题研究的价值， 但实施过程易流于形式

（一）研究的意义与价值

通过本次调研，我们发现，幼儿园课题研究的意义与价值已逐渐被广大学前教育工作者所接受并达成共识，即课题研究对促进幼儿健康全面发展、提升教师专业素养以及助力幼儿园品质提升等方面的积极作用。参照第一节中的调研数据（97.59%的调研对象认为幼儿园进行课题研究是必要的），结合对一定数量研究资料的分析和对深度访谈内容的梳理，我们可以清晰地看到当前学前教育工作者对幼儿园课题研究价值的认识与认同。

1. 课题研究的终极指向——促进幼儿健康全面发展

通过课题研究，教师能够更多地关注幼儿，更多地关注教育实践中的问题，更持续地观察、发现、描述、反思。这一点可以在很多课题研究中感受到。例如：某幼儿园在其"十三五"课题研究的选题缘由部分指出，"首先，早期阅读能力的培养对幼儿认知能力发展有促进作用。阅读材料中的图画和文字可以培养幼儿的感知能力，帮助幼儿解决'是什么'的问题，阅读材料的形象性和情景性可以拓展幼儿的想象力和创造力，辅助幼儿逐渐从直观、形象思维向抽象逻辑思维过渡，帮助幼儿解决'为什么''会怎样'等问题。其次，早期阅读能力的培养可以发展幼儿语言文字能力。幼儿在与图书的'对话'

中，能增强语言交流的兴趣，获得一定的语言交流经验，在阅读中初步掌握的书面文字也能使幼儿更好地表达自己和叙述事件。最后，早期阅读可以促进幼儿个性品质的发展。"从这段阐述中，我们不难看出，研究者充分关注到研究内容与幼儿发展之间的关系，并尝试从多个角度诠释研究内容的意义与价值。

2. 课题研究的个体意义——提升教师专业素养

教师作为行动研究者，在理论与实践的无缝对接中，循着"体验—反思—调整—提升"的课题研究路径，逐渐从任务驱动式的教育者转变为主动积极的学习者、引导者。关于这一点，在与幼儿园的管理者和教师的访谈中可以深切地感受到。当提及"幼儿园课题研究对幼儿园教育教学工作产生了哪些影响"时，有园长回应道："教师变得更善于思考了，在教研活动中，从以前的'一言堂'到现在的高度参与，教师从原来被动的学习逐渐变成主动的、有意识地去思考，研究意识逐步显现。"也有教师认为，"通过参与幼儿园的课题研究，能够帮助我更好地梳理教育教学内容，也能够以此为契机，整理大家的实践成果，了解过程和思路。"还有教师说，"现在考虑问题时会先问一个为什么，并思考这样是不是有用、是否合适，课题研究中使用的一些方法也能够在实践中加以运用。"另外，在很多幼儿园课题研究中，可以清楚地看到实施课题研究对教师专业素养提升的积极作用。例如：某幼儿园开展的关于"园内种植区中幼儿观察能力培养的支持策略研究"，其成果详细地呈现了该园教师在种植区环境创设、植物资源选择、引领幼儿观察等方面的能力较之前有明显提升，富有层次性和目的性的环境创设、更加开阔的植物资源视野、多样化的表征方式、更加接纳和支持的教育态度等，让教师和幼儿均获得了更好、更全面的发展。

3. 课题研究的实践价值——助力高品质的学前教育

依托课题研究，教师个体的研究意识和研究能力不断增强，与此同时，幼儿园作为一个组织，也逐渐朝着研究共同体的方向发展。幼儿园课题研究工作，不仅让组织中的个体能够不断进步、不断突破自己能力上限获得发展，也让个体所在的组织获得了实现共同理想的基础。多方面的深入研究和突破，带动的是师、幼的共同成长，改善的是师、幼共同参与的教育生活，也让幼儿园在不断的变化中生发出教育的蓬勃生机。例如：某幼儿园关于传统文化教育实践的课题研究能够很好地说明这一点。该园对课题进行深入研究，很重要的原因便是该园长期以来不断尝试和探索幼儿园传统文化教育实践，积累了一定经验。为了使传统文化教育实践能够更加系统、深入，也为了能够让幼儿园的教师们在日常实践中更有方向和目标全园集众人之力将此作为"十三五"课题进行研究。随着课题研究的不断推进，不仅深化了幼儿园传统文化教育实践内涵，而且更好地凝聚了众人智慧，丰富和拓展了幼儿园传统文化教育思路，为建构幼儿园传统文化园本课程奠定了良好的基础。

（二）存在的问题

尽管绝大多数学前教育工作者都有了"科研兴园、科研立园"的共识，以课题研究为核心的教科研工作是幼儿园可持续发展的战略目标，一些幼儿园也将课题研究视为打造教育品牌、建构园本课程、提高办园质量的重要途径，然而，在这样一种"喧嚷"的热潮中，一些课题研究者在课题实施过程中往往无法将思想认识与教育实践统一起来，无法真正实践课题研究的意义和价值，存在着急功近利、注重形式、忽视过程等问题。

1. 重视研究结果呈现，忽视研究过程的实效性

当前，幼儿园课题研究重结果、轻过程的现象普遍存在。问卷调查结果显示 57% 的教师认为课题研究不理想的原因之一是研究过程不扎实。纵观幼儿园课题研究现状，不乏一些空洞的研究报告，其通常的做法是上几节课，写几篇文章，把一些尚不理解的理论生搬硬套上去，或者是把以前做过的事情套上新的理念，贴上新标签。还有很多幼儿园在课题研究实施过程中忙于各种事务，到快要结题时，匆匆忙忙查找一些资料，拼凑一份研究报告，使得研究结果缺乏说服力和创造力[1]。究其原因，一方面，幼儿园课题研究者理应对课题研究有一个全面、系统的了解，并积极发挥自身作用，推动课题研究的有效落实；但在现实中，一些课题研究者对本园课题研究的整体情况并非全然知悉，在其过程中只是按部就班地完成工作任务。另一方面，幼儿园课题研究者认为在理论层面具备更多知识储备的人更适合进行课题研究，对自己不擅长的领域研究

---

① 张晖. 幼儿园课题研究［M］. 北京：高等教育出版社，2012：179.

的意愿不强烈。尽管这种认识有其合理之处，但却极易遮蔽课题研究的本质和幼儿园课题研究的实践特性，即解决幼儿园真实存在的教育教学问题。因为教育教学问题的解决不是"写"出来的，而是在理论引领下脚踏实地做出来的。

2. 未能真正认识到课题研究对实际教育教学工作的促进作用

在实际工作中普遍存在着这样的声音——"教师的工作任务已经很重了，哪有时间再进行课题研究""只要把班带好了就行，做课题研究作用不大""我的理论水平不够，达不到课题研究的高度"……仔细分析这些"声音"就会发现，出现这些问题的原因更多的是课题研究者并未真正认识到课题研究与教育教学之间的共生关系，他们把教科研工作与日常教育教学工作这对相辅相成的关系看成了对立关系。实际上，理解它们之间的关系并不难。我们做课题研究，就是希望教师能够凭借其所要求的系统性和深入性，让自己能够在更高、更深的层面展开教育教学活动，以研究的思维去审视教学过程，形成"发现问题—思考问题—形成解决策略—实践与验证—提升教学水平"的工作思路。如果只是将课题研究对于个人的意义与价值看作是发表论文、获得荣誉，而没有理性认识自身专业成长的实质，课题研究的成效也会大打折扣；对教师而言，没能在真实的工作情境中加以运用和转化的研究成果，是一种额外的负担。

二、 能结合实际需求研究选题， 但对选题内容的深度剖析不够

（一）结合实际选题

结合调研情况，幼儿园很重视课题研究选题的有效性，大家熟知并非教育实践中的任何问题都适合作为课题研究的内容，也就是说并不是所有的问题都值得被研究。要在选题上表现出明显的问题意识和实践意识，大家普遍认为适宜的科研课题应该研究以下问题。

1. 研究"身边"的问题

目前，大多数幼儿园会根据本园发展方向和教师实际，针对教育实践中存在的困惑和难点，进行深入探究并以此作为课题研究内容。例如，某幼儿园开展了一项关于科学区材料投放及教师支持策略的课题研究，在研究报告"问题

提出的背景"中，可以清晰地看到该园在科学区材料投放方面存在的问题。具体包括：材料投放存在盲目性；对材料结构及其蕴含的关键经验缺乏研究；材料投放方式单一，投放层次模糊；投放的材料中封闭性材料多，开放性材料少，反复操作性不强，致使幼儿探索兴趣不持久。该园教师在科学区活动支持策略上存在的困惑和问题，具体包括：材料如何让幼儿获得关键经验；如何为幼儿提供有针对性的支持；教师在幼儿科学态度上的引导较少以及教师对科学区活动与主题活动之间的关系思考不够。由于存在着以上问题，幼儿园最终确定了上述课题研究。我们相信，这样既深入又带有明确目的性的研究一定能够很好地解决幼儿园教师的困惑，同时又能有效提升幼儿园教育教学质量。

2. 研究"具体"的问题

我们要研究"具体"的问题，"具体"的问题要遵循"实"的原则，不要贪大求全。在关注某类现象或问题的同时，寻找到可以研究的点位（所谓的"点"往往是某类现象背后的症结，需要对现象进行持续的观察和思考，剥去众多现象的"外衣"，发现"外衣"包裹下的"真相"），由此层层深入，不断探究，往往能够事半功倍。

如从"规则"一词入手，我们在日常生活中常常提到"规则"，但从学术研究的角度来看，"规则"这一概念所涉及的内容是非常广泛的，并且这一概念也因其丰富的内涵而被应用于各行各业。但在学前教育领域，"规则"一词也有其明确的范畴，例如，"幼儿规则意识的培养"这一课题就使"规则"具体化了。某幼儿园综合分析了当前家庭养育现状、幼儿园规则教育现状和规则对于个体成长与发展的意义 3 个方面，立足 3～6 岁儿童身心发展特点，开展了关于"幼儿对规则的理解与执行力的研究"。该课题研究深入探究了小、中、大班幼儿在规则理解与执行力方面的发展特点，并结合园所实际，从公共规则、生活规则、游戏规则和社交规则 4 种场景，提出了一些促进幼儿规则理解和执行的有效方法。

3. 研究"可操作"的问题

幼儿园的课题研究一定要建立在可实施的基础之上，任何不切实际的空想都不利于课题研究的开展。需要选取可操作的教育问题进行研究，从实际出发，从《3～6 岁儿童学习与发展指南》（以下简称《指南》）和《幼儿园教育指导纲要（试行）》出发，以便更好地发挥组织里的个体力量。那么，"可操作"的问题的范畴是什么呢？是不是一些宏观的、大概念的问题不适合作为研究问题呢？

　　某幼儿园将"经历学习"（经历学习是指在日常生活中、在亲历事件的过程中积累经验、习得技能、发展能力、体验情感，强调学习者的全身心参与，身心整合发展）作为研究对象，以课题研究的方式进行实践探究①。初看"经历学习"这一概念，不免产生难以琢磨之感，那么这一概念是否就不适合幼儿园开展课题研究了呢？该幼儿园经过认真思考，按照课题研究实施阶段，围绕"经历学习"的定义，进一步明确了各阶段所要完成的研究任务。具体包括：其一，在已有研究的基础上，提出幼儿"经历学习"活动的理论假说，并尝试探索和建构幼儿"经历学习"的实践性理论，包括"经历学习"是什么、幼儿"经历学习"的特点，以及"经历学习"与幼儿发展之间的关系等；其二，根据小、中、大班各年龄段幼儿的成长需求和幼儿园课程要求，研究适宜的幼儿"经历学习"活动的内容和方式；其三，研究幼儿"经历学习"活动的设计和组织实施的具体策略，包括教育目标的确定、教育情境的创设、教育活动基本结构、教育活动实施过程中教师定位等；其四，研究"经历学习"理念在幼儿一日生活中的渗透，将"经历学习"作为一种幼儿教育理念，以提升幼儿园一日生活内涵。由此可以看出，尽管"经历学习"这一概念初看让人有些茫然，不知该如何着手，但该园经过系统思考与分析后，尝试与本园实际课程建构对接（该园于"九五"期间便开展了"生活·学习·做人"课程的建构，将"基于幼儿成长需要的'经历学习'的研究"作为该园园本课程实施的深化途径），将这一宏观、抽象的研究概念进行分解，转化为4个可操作的研究内容，层层剥茧，一一展开，使大概念化为可操作的小问题②。

（二）选题时存在的问题

　　选题是整个课题研究工作的开端，研究选题的确定决定着研究目标、研究

① 张晖. 幼儿园课题研究［M］. 北京：高等教育出版社，2012：211－212.
② 张晖. 幼儿园课题研究［M］. 北京：高等教育出版社，2012：212－213.

内容、研究对象和研究方法，也决定了课题研究工作能够凭借的资源和可以获得的支持。在确定研究选题方面，尽管幼儿园已积累了一定的有益经验，但仍然存在着对课题研究选题"根"性认识不足、缺乏对课题研究选题的调查与论证等问题。

1. 对课题研究选题"根"性认识不足

选题是课题研究的一项奠基性工作。课题到底要研究什么问题呢？当需要进行课题研究申报时，幼儿园应该对哪些已有经验进行辨别和论证呢？要知道，幼儿园是拥有丰富经验的教育主体，应当立足过往的成功经验或者发展的薄弱之处，即从"根"上寻找生长点，从而以小见大，以促进幼儿发展为导向，深度发掘研究资源。例如：某幼儿园的管理者发现教师在开展主题活动时很随意，活动前缺乏系统的思考和必要的准备，因而主题活动的开展形式单一，各教育活动之间的逻辑性、层次性不强，通常只是几个集体教学活动的集合；班级教师并不能够根据主题活动的实施情况，创设相应的教育环境并及时调整活动区域材料的投放，以满足主题活动实施阶段的需求。于是，管理者通过观察和分析，确定了选题内容，即"幼儿园综合主题活动有效实施的行动研究"。

我们用一个有趣的话题——"problem"和"question"，来进一步说明什么是研究的"根"，如何找到研究的"根"。"problem"和"question"这两个英文单词看似都是"问题"的意思，实则却有很大的差异。"problem"这个"问题"更像是我们在日常教育工作中的所思所想，是发现、困惑、困难等；"question"这个"问题"并不直接来自我们的日常经验，它是我们对"problem"这个问题进行分析后提出的研究问题，就像上文提到的例子——"幼儿园综合主题活动有效实施的行动研究"，它是该园管理者经过对本园教师在开展主题教育活动时存在的各种各样的问题（"problems"），分析后得出的能够进行研究的问题（"question"）。当然，管理者发现教师在设计和实施主题活动方面存在问题本身也是一个"problem"。因此，在确定课题研究选题时，需要充分调动已有经验，即那些在日常教育生活中积累的"problems"。实践中，大多数教师可以追溯的研究选题的"根"通常来自他们的观察记录、教育反思或教育随笔等，还有那些零散的、未经充分思考和论证的经验。这也从一个侧面告诉我们教育本身是带有实践属性的，在日常工作中，要善于观察与发现，及时记录点滴的所思所想，或是撰写专业性的文章来记录这些真实发生的教育故事。只有对教育实践持续地反思，才能够更好地把握教育实践问题的症结，这正是我们进行课题研究的"根"之所在。

2. 缺乏对课题研究选题的调查与论证

从日常的问题到研究选题并不是一蹴而就的，这其中就包含着一个研究过程，需要我们进行调查和论证。对研究选题的理论意义和实践可行性等进行论证，通常的做法是查阅相关文献资料，以获知该类研究的已有基础和实践可行性，或是借助外部力量对选题价值进行论证，主要是邀请行业专家针对选题进行评议。当前，很多幼儿园在确定研究选题时，往往缺乏对这一关键步骤的论证，使得课题的开展实施步履维艰，甚至需要反复修改所要研究的问题。

三、 能根据需求选择适宜的研究方法， 但具体研究方法的操作欠佳

（一） 如何选择研究方法

科学地运用研究方法，不仅有助于我们有效地完成研究任务，而且有力地保证了课题研究质量。目前，幼儿园课题研究参与者已初步掌握了一定的研究方法，能够依据研究性质和研究进程，选取所需的研究方法以完成资料的收集、统计等工作。

1. 依据研究性质，确定所需的研究方法

从课题功能来说，课题研究可分为基础理论研究、教育教学实践研究和教育决策咨询研究 3 类。结合幼儿园课题研究实际，绝大多数课题研究从属于教育教学实践研究。基于这一现状，幼儿园大多能够结合研究需要选择所需的研究方法，具体包括文献法、观察法、问卷调查法、访谈法、经验总结法、实验法等。还有一些幼儿园能够将定量研究与质性研究相结合，以综合研究的方式进行课题研究，极大地提高了研究质量。

2. 依据研究进程，选择特定的研究方法

在课题研究的开展过程中，幼儿园基本能够依据研究进程，选择适宜的研究方法来进行实践研究。在研究前期，各幼儿园均能够运用文献法来梳理与研究相关的内容，了解相关研究问题的进展，寻找研究切入点和创新可能性。在研究过程中，研究者们也能够根据研究实际，选择相应的研究方法。一般来说，观察法、经验总结法等是幼儿园课题研究中常用的研究方法。

（二）实践中遇到的问题

选取适宜的研究方法、科学地运用研究方法，是保证研究结论科学性、有效性的关键所在。当前，幼儿园虽然能根据课题研究推进采用适宜的研究方法，但在具体操作使用方面还存在一些问题。突出表现为资料查阅不到位、内容研读不透彻的问题；研究方法的实际操作不够规范，存在不当使用的问题，以及由此产生的研究结论多停留在一般性经验层面，科学性经验总结少的现象时有发生，主要表现在以下方面。

1. 文献法运用不足

在课题研究中，通过查阅文献资料，并对资料进行整理、分析是全面了解和掌握本课题研究现状的有效手段。当前，广大学前教育工作者对课题研究需要运用文献法已基本达成共识，并且能够将查阅文献资料作为课题研究的必备环节加以执行。在我们的访谈调研中，有教师坦言，"做课题一开始要上网查资料，看一些文献，把与课题相关的内容整理出来作为文献综述部分"。也有幼儿园管理者说道，"文献法是每一项课题研究都必须要做的，是做课题研究的第一步"。但我们是否能够清楚地知道，作为研究方法之一的文献法对课题研究的意义究竟是什么？普遍存在的情形是，大多数课题研究者在进行课题研究时，通过查阅文献资料并对文献内容进行简单归类，仅以此作为文献综述部分的内容。致使课题研究中的文献综述部分变成了众多文献内容的堆砌，文献综述的价值无形中被遮蔽了。

需要正确地认识文献法在课题研究中的意义，合理运用文献法，以实现其为课题研究服务的目的。也就是说，需要通过对相关文献进行梳理与分析，在广泛阅读、系统梳理文献的基础上确定课题要研究的问题和可以凭借的理论基础。由于大多数课题研究者未能充分运用文献法对已有研究进行全面梳理，更谈不上对文献资料进行系统述评，这就使得课题研究者无法更多地占有与研究相关的第一手资料，进而无法汲取优秀经验，达到拓展研究思路的目的，同时也无法寻找到文献资料所反映出的问题与本课题研究之间的关系，使得课题研究易停留在低水平，影响了课题研究的实效性、价值性。

2. 具体方法操作不规范

科学的教育研究需要科学的研究方法作为保障。尽管很多研究报告中列举了一系列的研究方法，但仔细考察会发现，很多研究方法并未充分运用到研究当中，对于研究手段如何与研究内容相匹配，研究方法的运用过程如何保证科学性，都是实践研究者们较少考虑的。根据本次调研，在对幼儿园管理者和教师进行访谈时，他们中的很多人对于具体的研究方法只知其一不知其二，大多不熟悉具体研究方法在使用中的操作要义，这势必影响研究方法使用的科学性。例如：某幼儿园想要了解本园教师对生命教育的认识与理解程度，特别是生命教育对幼儿发展的作用及其有效指导策略，确定了"幼儿园生命教育内涵及其实施策略的研究"。聚焦本园教师对生命教育的认识与理解程度，该园综合运用问卷调查法、访谈法和实物分析法（收集一段时期以来教师撰写的有关生命教育的教学活动方案等资料），以期获得关于幼儿园教师对生命教育的较为真实的认知情况。然而在实际操作中，该园课题研究者在编制问卷时设计了多个具有引导性的题目，违背了问卷调查法应遵循的客观性原则。另外，在对相关实物资料进行收集与分析的过程中，研究者只收集了园中部分教师的实物资料，针对不同个体收集到的实物资料也并不全面，课题研究的有效性受到了一定的影响。

尽管广大学前教育工作者在教育一线积累了极其丰富、生动的实践经验，可是由于不善于科学地运用研究方法以获得全面、深入的研究资料，进而导致研究成果只能停留在一般性经验总结和感性认识阶段，对教育问题的认识也多局限于直觉观察和经验描述的水平，科学性经验总结少。由于幼儿园课题研究属于科学研究的范畴，强调的是对于教育实践中的事实，通过科学研究的程序，进行分析概括，全面、深入地揭示经验的实质是更为关键的（关于研究方法的介绍及其操作要义详见第三章第四节）。

四、 能以问题为导向开展课题， 但对研究问题的转化、 分解能力不足

研究问题对于课题研究来说是关键所在。研究问题不仅让我们明确课题要解决什么具体问题，而且还能够帮助我们聚焦研究目标与研究内容之间的关系，同时指导我们实施课题研究。当前，研究问题基本能被大多数幼儿园作为课题研究的出发点和主要因素提出来，并以此来规划课题研究工作。具体说来，课题研究的负责人或课题研究核心成员能够在明确研究问题的前提下设计课题实施步骤及相应阶段的任务，并且能够在课题开展过程中经常性地关心研究问题的实现情况。

但我们也知道这样一个事实，即提出一个基础良好、可以实施而又值得研究的问题并非易事。一般来说，研究问题的确定需要经历两段历程：一是从选题中"生发"出来（"生"于选题，在此过程中获得发展，成为自己的研究问题），二是从课题实施过程考量，对研究问题进行分解与细化，以确保研究问题能够在课题研究过程中得到有力回应。在本次调研中，我们发现大多数幼儿园管理者和教师对于研究问题如何从选题中提炼出来，又是如何在课题实施过程中得以分解，从而有效落实研究目标，并不全然知悉，甚至不能清晰地区分选题内容、研究问题、研究目标之间的关系，主要有以下 2 点。

1. 缺乏从选题内容到研究问题的有机转化

从研究选题的确定到研究问题的确定，这其间需要一个转化的过程。如何实现从选题内容到研究问题的转化呢，怎样科学地把握这一过程，为我们的课题研究奠定良好的基础呢？这要求我们不断地往返于理论与实践之间，努力探寻二者之间的联系，确定一个在理论和实践层面均具有良好"生长性"的点，以此作为研究问题。同时要求我们需要从选题内容着手，查阅相关文献资料，根据查阅资料获得的启发回到实践情境和选题内容中，聚焦选题进行分析，扩大或者缩小选题的边界，在深化选题内涵的过程中逐步明晰问题的中心点。如此循环往复，直到选定可以研究的问题。

2. 缺乏对研究问题的有效分解

幼儿园课题研究要能够解决和回应本园在实际发展过程中的主要矛盾和重

要问题。幼儿园课题研究作为一项系统工程，需要根据实际把研究问题进一步地分解与细化，形成若干子问题，以确保课题实施进程中研究问题能够得到有效回应。在实际工作中，一方面，需要具备双重思维逻辑，即工作逻辑和研究逻辑，在实际工作中要善于运用研究性思维；另一方面，也需要根据不同阶段的课题实施情况，将研究问题进行适当地分解，以适应当前阶段的研究工作。现实中常出现的情况是，由于研究问题没有被有效地分解，导致课题研究冗沉繁杂、脱离实际。出现这种情况的原因是多方面的，可能是研究者对研究问题思考得不够充分，导致研究问题宽泛、模糊，在真正开展时不知从何下手，如何分解问题和一步步推进研究进程。

五、 能根据人员实际水平部署工作，但缺乏研究层面的系统指导

幼儿园课题研究追求的是实践中的探索，注重的是过程中的实效。课题研究的实效性需要建立在有序的管理机制之上。在确立课题研究之时，就要系统地规划课题各阶段实施的任务，明确课题成员间的分工，定期交流和研讨，明确课题研究的方向、目标和课题研究成果的呈现形式、应用方式等。这种对研究过程的管理机制是使课题研究能落到实处、有效推进的重要保障。当前，一些幼儿园为保障课题研究的有效落实，在制度层面作出了要求，从而有力地保证了课题研究工作的顺利进行[①]。例如：某幼儿园为进一步加强对本园教科研工作的管理，健全教科研管理网络，专门制定了幼儿园课题研究制度。其中，特别强调了"由课题组组长（课题负责人）承担课题主要工作，要充分调动课题组每一位成员的积极性，共同完成课题任务，并严格按照课题开题报告及课题阶段性研究方案执行"。

目前，一些幼儿园已逐步确立了课题研究管理机制，并在实践中不断完善；但仍有一些幼儿园在缺乏有效机制保障的前提下开展课题研究，出现了很多不合理的做法。例如：一些幼儿园在课题实施过程中，由于课题研究管理机制不完备，课题负责人未能充分履行职责，而导致课题组成员在课程实施过程

---

① 张晖. 幼儿园课题研究 [M]. 北京：高等教育出版社，2012：185.

中感到无所适从，不知道该朝着什么方向努力。正如本次调研中一位教师所说，"在参与课题研究的过程中，就是园内安排做什么，就在班级里实践什么，也不知道做这个的意义和目的是什么，更难谈自己要做到什么样的程度……不是不想承担，而是不了解整体，不知道自己要做到什么程度。"也有教师认为，"作为教师，就是为课题研究提供实践方面的案例"。

由此可以看出，教师作为课题研究的实施者，需要在充分了解课题研究全貌的前提下展开具体的教育实践，并且需要清楚地知悉不同阶段所要完成的任务与需要回应的研究问题、需要达成的研究目标之间的关系。因此，课题研究需要课题管理机制作保障，以实现课题实施过程中各成员朝着共同的方向和目标迈进。

六、 能注重研究成果的积累与呈现， 但对研究成果认识不到位、 应用局限

课题研究成果往往作为衡量一项课题研究水平高低的重要依据，这也使得幼儿园在课题实施过程中非常注重研究成果的积累与呈现。目前，幼儿园对课题研究显性成果的认识是比较清晰的，其形式有论文、专著、教师教学案例、教师反思记录等，这些既是课题研究的过程性资料，也是课题研究成果的体现形式。另一方面，一些幼儿园具备较好的成果运用意识，能够在课题实施过程中，及时梳理阶段性成果，并将成果运用于实践中，进一步检验和完善研究成果。例如：某幼儿园在关于幼儿数学操作性学习过程及其支持策略的研究中，其成果所涉及的十类操作性学习过程（模式、计数、数符号、数运算、量的比较、测量、图形、空间方位以及时间）及其支持策略，能够很好地运用在实际教学之中。结合本次调研有关资料，该园教师在访谈中也谈到，"对数学材料有了细化的认识，以前数学区的材料都是陈列出来，现在会按照课题研究的思路将材料分成数理类、图形感知类等，按照一定的类别进行摆放，使幼儿关键经验的发展更加明确"。

课题研究成果的准确性、创新性和可推广性作为衡量课题研究价值的重要指标之一。正确地认识和把握课题研究成果及其实际应用，需要广大学前教育工作者在实践中不断探索并努力为之。

1. 研究结论的准确性有待进一步提升

幼儿园课题研究在得出结论时常常存在这样两个问题：一是在阐述研究结论时，缺乏必要的数据及案例支持，特别是得出的一些具有普适意义的结论时，相应的数据和资料不能够有力支撑该结论，研究结论的准确性大打折扣；二是结论的得出需要进行必要的阐释，但一些课题研究未能很好地体现出研究结论产生的过程。例如，某幼儿园进行的一项关于幼儿好奇心发展的支持策略研究，研究者提出了 4 点关于支持幼儿好奇心发展的策略，具体包括：提供丰富的玩教具和室内外环境，激发幼儿的好奇心；分析幼儿园环境中的教育内涵，做有准备的教师；肯定和鼓励幼儿的提问和发现，提供模仿的榜样以及支持和鼓励幼儿的探索行为。从中不难发现，这 4 方面的策略具有普适性，但研究者在对策略进行分析与解释中并未结合本研究中研究对象的实际情况进行阐述，无法有力支撑研究结论，直接影响了研究结论的准确性。

2. 研究成果点到为止，缺乏深层次创新

一些幼儿园过于注重课题研究的数量，造成课题数量多、质量低的现状。有一些幼儿园在课题研究方面还处于尝试和摸索阶段，尽管课题数量不多，但常常是关注"两端"，忽视"中间"，让课题研究成了一次开题与结题的冲刺，课题研究质量也就无法得到保证。另外，选题未经充分思考与论证、研究过程不扎实、研究实际周期较短、研究方法运用不科学等一系列问题也让课题研究成果陷入了"人云亦云"的模式，实现了表面上的多姿多彩，却少了些"往深里去"的探索。缺乏对课题系统、深入的探究，研究也只能停留在浅层次水平，成果更是缺乏创新性。

3. 研究成果应用不足

很多幼儿园的课题研究成果随着课题结题被"束之高阁"，未能真正发挥课题研究成果的实践价值。出现这种现象的原因，从主观层面来看，由于一些课题研究在实施过程中未能很好地与实践接轨，导致研究成果多转化为一些重复性经验的案例集、论文等，被应用到实践中的很少。从外部大环境看，有关部门对于幼儿园课题研究的管理多是通过汇编优秀研究成果、举办优质课题研究交流会等形式，来实现对课题研究成果的推广，但这样的形式一定程度上使得研究成果"重书面"的现象更加严重。

第三章

幼儿园课题研究的开展

第一节 课题选题

课题选题指的是按照一定原则来选择确定课题所要研究的问题。选题是课题研究的起点，一定程度上决定了今后研究工作的发展方向、整体目标和研究内容，规定了课题研究的方法与实施途径。

一、发现研究问题

幼儿园一日生活工作繁杂且琐碎，每一天都会面对各种各样新的问题，那么这些问题能成为课题吗？什么样的问题才能成为课题呢？因此，如何发现具有研究价值的问题是幼儿园课题研究者进行研究的重要环节之一。

(一) 研究问题的来源

研究问题的来源，最初可能是通过理论学习，比如，阅读教育类书籍、期刊、文献、报告等，或者是在教育教学实践中遇到问题、解决问题和反思问题过程中得到的启发，产生的一些心得感悟，这样就产生了一个大致的问题雏形，伴随着不间断、持续深入的思考，问题的轮廓愈发清晰聚焦，一个有价值的课题随之产生。

一般来说，幼儿园课题研究问题主要来自以下几个方面。

1. 教育实践中的难点和弱点

一线教育教学实践中，教师时常会有难以解决的问题、感到困惑的问题，甚至会有因问题解决的不好走入误区的现象，这些难点与困惑都可以成为课题研究选题的重要来源。比如：在培养幼儿一日常规的过程中，许多教师存在这样或是那样的困惑，如何帮助幼儿建立规则意识？家园如何保持教育的一致性？规则的建立与幼儿的主动发展是否矛盾？教育实践中这样的疑难问题就可以成为课题选题的切入点。再比如幼儿园应为幼儿创设一个丰富多彩、多功能多层次、可自由选择的环境，从而实现教师及时观察幼儿、了解幼儿以及适时地指导幼儿的各项活动。但在教育实践过程中，教师对于区域材料投放仍存在诸多疑问，如何投放区域材料以支持不同年龄段幼儿的不同发展水平？何为区域材料投放的多样性？区域材料投放的层次性怎么体现？教师可以以这些困惑为切口做深入的研究。

2. 教育实践经验的总结和深化

教育实践经验主要源于幼儿园发展过程中积累的经验，以及教师在教育教学实践中长时间持续的思考，形成的教育感悟。这些教育实践经验对于课题研究无疑都是宝贵的财富与累积。

（1）园所发展经验的总结和深化

园所的发展大都经历了数年甚至几十年的光阴，在这个过程中势必有一些成功的经验，这些经验是什么？有什么指导意义？有什么发展变化？能否跟随大环境的发展而发展？如何宣传自己的口碑、推广自己的教育？如何依托园所特色，合理高效地运用各种资源（幼儿园、家长、社区和社会）？在幼儿园课程的改革和发展过程中，幼儿园教育活动的组织形式与方法策略发生了哪些调整？如何进行园本特色课程资源的挖掘与利用？在幼儿园教育环境的创设与利用过程中有哪些思考与感悟？这些都可以成为研究的问题。

比如："幼儿园课程领导力研究""幼儿园课程资源开发与利用研究""幼儿园课程游戏化研究"等，这一类的课题研究是基于园所不断探索及发展沿革中所产生的，因此对课题研究者有较高的要求。再如"家、园、社区协同教育研究""幼儿园家庭教育指导策略的研究""小班幼儿入园适应期的家长辅导研究""大班幼儿入学准备期的家长指导研究""家长参与幼儿园教育的有效途径研究"等的研究课题，很好地将家庭与幼儿园联系起来，一线教师实施起来更容易。

（2）教师教学实践的经验总结和深化

教师在工作中遇到的令自己无奈的事情是如何解决的？在具体的教育现场随机生成教学内容要运用什么样的策略或方法？在准备教育活动过程中，同年龄组的教师思想会碰撞出怎样的火花？在一次又一次的教育反思中进行了哪些梳理与总结？在专业成长过程中如何不断调整自身教育行为才能促进幼儿身体、认知、情感和社会性等方面的发展？生活中处处是问题，这些都将是课题研究的重要来源。

比如："幼儿科学探索能力与学习方式的研究""幼儿科学领域的核心经验及其获得方式研究""幼儿数学学习策略研究""幼儿想象力发展的支持性策略研究""幼儿审美能力与创造力发展的实践研究""幼儿对于规则的理解与执行力研究""幼儿交往与合作能力的发展与培养研究""不同年龄段幼儿游戏特点及指导策略的研究""幼儿园区域活动的材料投放研究""幼儿合作游戏的年龄特点及其促进研究"等，这一类的课题研究都是基于自己的教学实践进行及时的反思与策略的调整，比较适合一线教师进行研究，它将有助于教师在实践过程中将持续的思考转化成较为系统的结论输出。

教师的教育科研活动最终目的是要解决实际问题，促进本职工作，而教育活动异常复杂，面临的实际问题很多，可供选择的课题也就很多。认真反思工作当中问题存在的根源，学会多角度、多维度地去看待和解决这些问题，通过一次又一次深入地了解问题的现状，分析问题产生的原因并积极地去探寻解决问题的策略与方法，可以使教师在工作当中始终保持持续的思考，形成一种研究的意识，进而找到解决的办法，改进自己的工作，提升自己的业务水平，这也有利于教师把工作思维转为研究思维。

3. 国内外关注的热点教育现象

国内外都在进行教育改革，在这样的宏观背景下，会出现一些前沿的教育思想、热点的教育问题，这会成为发现研究问题的重要窗口。另外，国内教育行政部门、科研机构，根据教育和社会发展的需要，都会提出教育科研的问题与任务，各种学术团体、各种教育报刊也会定期地提出相应的选题范围，也就是相关的研究指南。一般来说，在制定指南的过程中，各学科组、各方向领域都会考虑热点问题、焦点问题、难点问题，所以以热点、焦点和重点话题为切入口，发现问题，再参照对比自己的教育教学，分析与反思，挖掘背后的深刻内涵，会极大地提高选题的有效性。比如：2019 年全国学前教育宣传月的主题是"科学做好入学准备"，这一热点话题完全可以成为教师的选题来源。从幼儿园到小学是每一个幼儿必经的阶段，科学全面地做好入学准备，有一个良好的学习习惯，对于孩子一生的发展具有重要意义。教师可以抓住这一问题进行深入持续的思考，从小处着眼，将问题分解，从家长和幼儿园两个方面思考并提出问题，如家长在幼儿入学准备方面有什么困惑？幼儿园在幼儿入学准备方面应承担什么样的角色？如何科学有机地整合幼儿园、小学和家长三方资源与力量，为幼儿营造良好的学习环境？

4. 立足本园优势，依托优势资源

由于幼儿园所处环境、社区以及所在地域不同，家长职业不同等，每所幼儿园潜在的课程资源各具特色；并且很多幼儿园都是单位办学，有丰富的依托资源，因此，幼儿园也可依托这些资源开展课题研究。如中国科学院幼儿园被若干科研院所围绕，有可供幼儿园孩子直接参观学习的动物、植物、物理、化学等研究机构，而且中国科学院幼儿园中，70%以上孩子的家长都是科研人员，这些使得幼儿园具有得天独厚的教育资源优势。因此，中国科学院幼儿园申请了中国学前教育学会课题"开发社区、家长科学教育资源途径与方法的研究"，通过课题研究，探索开发社区和家长中有效的幼儿科学教育资源的途径与方法；再如，中国人民解放军总参谋部军训和兵种部幼儿园有着独特的家长群体和社区优势，家长大部分是军人，幼儿园又处在军区大院中，所以依托资源优势，通过课题研究逐渐建构了幼儿园军旅课程。

5. 教师个人兴趣和研究专长

教师在教育实践中，通过对幼儿的观察和思考从而发现问题，结合自身的研究兴趣、专业背景和研究专长，确定研究问题。例如一位老师喜欢音乐，又具备音乐方面的专业知识，同时她也爱思考教育实践中遇到的问题，她发现孩子们在音乐活动中的主动性不高，要怎样才能提高幼儿参与音乐活动的主动性呢？于是结合自己所带的班级，她开展了"在音乐活动中引发幼儿参与活动的主动性的策略"的课题研究，经过几年的实践，在幼儿音乐教育方面积累了丰富的经验，成为音乐教育活动的专家。

（二）梳理研究问题的策略

在梳理研究问题时，遵循以下原则，可以事半功倍。

1. 切口要微小

"微"指的是研究问题的切入口要小。一线教师日常工作繁忙，平时较侧重于实践改进，少理论研究，对深奥的问题往往心生畏惧、望而止步。在课题选题中，可以根据教学实际，采用"剥笋法"，尝试"微问题"的发现和挖掘。

如"艺术特色幼儿园音乐课程的建构与实践"这一课题比较宏观，个人无法承担如此大的课题。教师在选题时，可以择取部分内容实践，加上限制性词语，缩小研究范围，如在前面添加"中班""小班"等词语，缩小研究对象；或在后面增添"打击乐""童话剧"等词语，缩小研究内容；或是再细化，加"童话剧表演中幼儿艺术表现力"等词语进行精减明确。

通过层层"下剥"和"分割"后的课题，不仅降低了研究的难度，还促进了研究与教学的"无缝衔接"，使研究成为教师的"解疑"实践。

2. 视角要新颖

课题研究是一种创新活动，不能重复别人的"故事"，走别人的"老路"。它的实践意义是解决别人未解决的问题，或是用新的方法优化他人的研究成果，它的提出必然是新知识、新经验、新方法、新理论中的一个或多个方面。一般在选题前要学会三问：自己的问题他人有没有解决？相似的课题近几年研究的人多不多？自己的探索有没有新的发现？那么如何判断自己的选题是否与他人的研究"撞衫"呢？其实只要把课题题目输入中国知网、维普网等就能知晓是否"新"。当然所谓"新"和"旧"是一个相对的概念，要把握好尺度和方向。如"幼儿入学准备期教育的研究"就是在内容上比较新的研究，前人提出过但是相关的研究成果比较少；再如"户外游戏对幼儿心理功能的发展研究"这一选题，在研究方法和研究角度上比较新颖，因为在日常的多数研究中教师多集中研究户外游戏对于幼儿身体健康、教育发展、品格形成等方面，鲜少会对幼儿的心理功能（诊断功能、发泄功能等）进行深入研究。再比如对所选课题进行持续研究后得到解决，会延伸出一系列的再生问题，如"二孩"是当下比较热门的话题，对其进行研究会有一系列随之而来的心理、教育压力、父母投入、社会融入等问题。能再生的选题是具有生长点的选题。

3. 问题要真切

幼儿园课题研究的目标侧重点不在于构建新的教育理论，而在于有效解决教育教学中遇到的问题，它的研究是基于行动的思考。所以选题时要考虑它的真切性，如问题是否来源于真实的教育教学实践？是否迫切需要解决？是个别现象还是普遍情况？研究价值大不大？要在这一连串的追问中找到当前自己最需要解决的，且通过努力有能力解决的"真问题"。

4. 难度要适宜

课题实施的难易度非常重要，它直接关系着课题研究的价值与意义。课题难度系数过大，往往会导致课题研究浮于表面，内容"假""大""空"；相反，如果课题过于容易则没有研究的价值。所以选题时要特别重视课题研究的难易度，使它既有科研价值，又要易于操作。那么，如何把握课题的适宜性呢？

难度适宜的课题一般具有这样的特点：贴近实践，扎根班级，具有一定的亲和力，同时又具备创新性、前瞻性和挑战性。这样的课题朴素、真实、亲和，能让教师在最近发展区内沉潜、蛰伏后破茧而出，享受到研究的快乐。例如"关键经验视角下支持幼儿在科学区自主学习的策略研究"，该课题源于教师教育实践中的真问题，既体现了促进幼儿自主学习的前沿教育理念，又具有一定的挑战性，即教师要学会科学地观察幼儿，依据关键经验准确分析幼儿的发展水平，并在观察的基础上结合幼儿的最近发展区提供适宜的支持策略，从而促进幼儿的自主学习，实现科学素养的全面提升。教师在课题研究的过程中，学会了运用科学的研究方法解决教育实践中的问题，体会到研究给自己专业发展所带来的帮助，专业能力得到了提升。

二、筛选研究问题

幼儿园一日生活工作中发现的问题就是课题吗？答案是否定的，问题显然不等同于课题。怎样的问题才能作为课题选题呢？如何从众多问题中甄别出选题呢？

（一）对问题进行筛选

通过分析调查，我们知道了什么样的问题值得去研究，哪些问题急需去研究，就可以根据实际需要，依据课题组或自身的能力去筛选选题，那么筛选选题的原则或依据是什么呢？

1. 选题有影响意义

课题研究的目的在于揭示事物发展的规律，解决实际问题，所以研究的问题要有影响意义，能够解决教育实践中的问题，提升教育质量，促进幼儿发展和教师专业提升，具有实践意义。例如，中国科学院第四幼儿园"十三五"

课题研究"幼儿数学操作性学习过程及支持策略研究"具有重要的研究意义，该课题的研究能够很好地解决当下幼小衔接过程中教师和家长的困惑、误区：许多幼儿园或家长采取直接教授的方式来让幼儿掌握相应的知识，这种拔苗助长、填鸭式急功近利的教育方式在幼儿数学教育方面体现得尤为突出。如何科学地做好幼儿数学学习方面幼小衔接的准备呢？面对这个问题，研究者将其转化为课题研究，操作性学习是幼儿学习数学的主要方法和途径，符合幼儿学习数学认知发展规律和学习特点，通过对幼儿数学操作性学习的探索研究，提出了切实可行的支持策略，为幼儿数学的去小学化提供切实有效的解决措施，为成人支持幼儿做好幼小衔接中数学学习方面的准备提供有效的支持策略。

此外，有的选题能为相关理论的发展积累丰富的实践经验，甚至可能推动相关理论的发展，这样的选题就具有影响意义。作为一线教师，选择能突出实践意义的选题就是很好的选题。

2. 选题具体明确

选题要具体明确，这体现了研究者思考的深入程度。选题越具体明确，可操作性就越强，将来开展起来越容易实施，这样教师才能从中体会到课题研究带来的专业提升。因此，选题不可太宽泛、模糊。例如"幼儿园综合主题活动有效实施的实践研究""科艺融合课程理念下幼儿创造力启蒙的实践研究"就是具体明确的选题。

3. 选题要有创新性

课题研究要研究新的内容，或从新的角度出发研究教育实践中的问题，用新的视角分析常态工作，而不是直接重复已有的研究。例如"核心素养背景下幼儿园课程建设的思考"，这一课题从"核心素养"来研究幼儿园园本课程的建构，研究视角独特，具有创新性。

4. 主客观条件可行

在确定研究课题时，要考虑课题主持人以及课题组成员之间的知识结构、能力、经验、专长、兴趣等主观条件，还要具备课题完成的时间、人力、财力等客观条件，这些是进行课题研究的必要条件。如果想申报某一级规划课题，就必须作出相应的准备，近几年国家课题申报就非常强调申请人具有的经验和经历，以及研究成果的积累等，这是保证所立项的课题能达到预期目的的一项保障。

（二）把问题转化成课题

课题的源头是"问题"，幼儿园课题研究也就是对某一特定的教育问题进行讨论研究。

问题是什么？问题是"需要解决的矛盾和疑难，是造成应有状态与现有状态之间差距的各种影响因素"。教师在教育教学过程中会出现很多无法预知的问题和疑难。例如：

①进入中班之后，许多小男孩的"动作幅度"异常大，经常会伤害到其他的小朋友，怎样对班级的小男孩进行引导呢？

②小朋友特别喜欢和固定的几位"好朋友"一起玩耍，但是发生冲突、矛盾也在这几位固定的"好朋友"之间，怎样引导幼儿平衡同伴交往、规范行为规则呢？

③怎样将艺术教育与科学教育有机融合在一起呢？

④老教师有经验，新教师有想法、懂理论，怎样最大程度发挥二者的优势，取长补短，实现共同发展呢？

⑤小班开学伊始，重新创设了班级环境，门口的墙面上新增了一只会招手的"米奇"，没过一个星期，招手"米奇"的手便没有了。原来，小朋友因为喜欢"米奇"，总会有意无意地去和它握手，最后把手给撕扯掉了。当班级有新的事物出现时，总会发生类似的事情，该怎么去引导呢？

……

诸如此类的问题，每位教师都能列举出数个甚至几十个。有的问题可能只针对某个年级的教师，通过查阅资料、咨询专家等就可以解决；有的问题则具有普遍性，是大多数教师的困惑，是课程化的内容，需要通过不断地探索才能解决；还有的问题关系到园所的发展，必须深入地研究、具体地分析才能寻求到好的办法。面对诸多问题和困惑，在筛选的过程中，需要聚焦真正的问题，找到问题背后的指向和重点，并在这个过程中将问题进行思考，然后用比较书面的语言进行表述，这样就是将问题转化成为课题的过程。下面以问题⑤为例，阐述如何将问题转化成为课题。

具体方法：首先找出研究对象为小班的小朋友，书面语为小班幼儿；分析清楚"米奇"的手为什么不见了，当班级有新的东西出现时类似的情况时常发生，是因为孩子没见过，孩子的好奇心使然，那么通过什么方法去引导孩子的好奇心发展，则为策略研究。因此，问题⑤的课题表述形式可以为"促进小班幼儿好奇心发展的教育实践研究"。

三、确定研究课题

将发现的问题进行甄别、筛选和转化，就基本确定了研究的问题。问题确定了就可以进行整体的构思、规划，规划的第一步便是确定课程名称。

（一）课题名称表述的要求

课题名称一般包含 3 个部分：所研究的问题、研究对象和研究方法。课题名称不宜过长，原则上不超过 25 个字。如"培养小班幼儿生活自理能力实验研究"，这一课题的研究对象是小班幼儿，研究的问题是生活自理能力，研究方法主要是实验法。再如"中华优秀传统文化融入幼儿一日生活的行动研究"这一课题的研究对象是幼儿，研究内容是中华优秀传统文化与幼儿一日生活的融入情况。

在实际的研究当中，课题名称的陈述要对上面 3 个部分进行灵活的运用，但是不论用什么样的陈述方式，课题名称的陈述必须要规范、清楚、简明、具体，能够确切反映所要研究的内容、范围及要完成的任务。

题目的准确表达还体现在限定词的使用上，如"家庭与幼儿园共育视野下幼儿早期阅读指导的研究"，该课题的研究内容是"家庭与幼儿园共育视野下幼儿早期阅读指导"，其中"家庭与幼儿园共育视野下"是限定词，将研究的范围明确地表达出来了，如果没有这个限定词，可以理解为研究的是幼儿园里的阅读指导，不涉及家庭。

几种课题名称的常见表述：

……的现状研究

关于……的研究

……的实践研究

……教育初探

……策略研究

（二）课题名称表述中的常见问题

1. 选题范围大

研究的范围太宽泛，研究的具体对象不清楚，研究内容模糊、不聚焦，内容过于繁杂不成体系，甚至超出幼儿园能力范围和工作范畴。如"幼儿生命教育规律的研究"这一课题，"生命教育"是一个庞大的概念，同时它也有很多分支，专门看一个"生命教育规律"实在无法指导要聚焦到哪里，让人觉得无法开展，只能做一些理论层面的探讨，但是泛泛地进行理论探讨，就没有亮点，没有办法在开题报告时给专家留下深刻的印象。

2. 表述不规范

（1）研究问题不明确

研究问题宽泛，不够具体明确。比如："中华优秀传统文化融入幼儿园文化建设的研究"这一课题，研究范围较大。幼儿园文化建设的范围本身就很广，包括制度文化建设、物质文化建设、精神文化建设等内容，中华优秀传统文化要融入到幼儿园文化中的哪一部分呢？怎样融入呢？研究问题不够明确，可操作性不强。后来在专家的指导下，研究问题聚焦到中华优秀传统文化如何融入到一日生活中，研究的题目相应地调整为"中华优秀传统文化融入幼儿一日生活的行动研究"，这就变得具体明确了。

（2）选题缺乏科学性

选题要符合幼儿身心发展规律，这样才具有科学性。比如："培养小班幼儿使用筷子进餐的行动研究""小班幼儿专注读书的阅读习惯养成策略研究"等课题，这些课题研究与《3～6岁儿童学习与发展指南》等文件精神相违背，不符合幼儿身心发展规律，选题缺乏科学性。

3. 选题难度不适宜

选题难度过大是指幼儿园不具备研究该选题的条件。因此选题也要结合幼儿园实际情况、幼儿发展水平、教师专业水平、课题支持度等一系列的内部或外部条件，有计划地进行课题选题。

　　"中国学前教育研究会'十三五'课题指南"目录中提供了 79 个选题（见附录 1），可供研究者参考。目录中既有适合大专院校教师和教研科研人员申报的选题，也包括适合行政管理干部、幼儿园园长和教师以及报纸杂志编辑等有关人员申报的选题。

第二节　课题立项

一、课题申报的程序[①]

幼儿园的工作偏重于实践，但是作为教师，在实践基础上的思考也非常重要，研究不仅仅存在于课题研究开展过程中，平时工作中的探索与思考也是一种研究。需要立项的课题，不同于日常工作的探索与思考，而是有着规范的申报程序。申报立项的课题在申报阶段有着明确的程序；在工作中寻找到真问题，在实践过程中针对问题进行思考，就研究方案进行"做什么""为什么做""已经做了什么""将要怎么做"的整体的思考和计划，接下来就要进行的是课题的申报。

（一）课题申报的途径

目前，课题申报的管理部门主要有：各级教育科学研究院、各级教研室、各级教育学会分会等。依据这样的管理职能划分，课题申报方式大致分为以下3种：政府教育规划课题向各级教育科学研究院（所、室）申报；教育部门课题向各级教研室等部门申报；学会课题向各级教育学会、分会等部门申报。课题按类别可分为重大课题（资助经费）、重点资助课题、重点课题（自筹经费）、立项课题（自筹经费）、青年专项资助课题、青年专项课题（自筹经费）等，评审采取招标评审和会议评审的形式。以自主、自愿为原则，幼儿园或个人均可依据课题研究的方向和需要，作为课题研究申报人[②]。

（二）课题申报的程序

课题申报流程大致有以下3个步骤。

---

①②　张晖. 幼儿园教育科研指南［M］. 南京：南京师范大学出版社，2011.

1. 下载资料，填写申请书

课题资料是课题立项的基本条件，在课题申报时首先要做的就是下载申报所需的各种材料，具体包括《课题申请书》《课题设计论证活页》《课题申报登记表》等资料。就北京来说，申报资料可分别从全国教育科学规划领导小组办公室等网站下载。下载后填写电子版《申请书》《课题设计论证活页》等表格，注意尽量不要改动表格原有的格式，填写完整，检查无误后用 A4 纸双面打印、装订成小册子。

2. 单位审核

填写申请书后的下一个步骤就是进行单位审核。幼儿园对课题申报工作进行组织与指导，认真严谨对待相关材料的审核，对照"注意事项和填表说明"审查申请人资格，对表格填写内容进行严格审查，对申请人以往承担项目的情况进行核实，确保前期研究成果是真实可信的，同时判定其选题和论证是科学的，是切实可行的，并在此基础上审查课题组成员的研究实力，对成员分工及开展研究的必备条件进行充分的核查与了解后，方可签署明确意见，加盖公章。

3. 准备上报材料

单位审核通过之后就要准备上报的材料了，具体怎样上报材料，可参考以下内容。

①按学科分类排序。课题申报的学科主要包含自然科学类和社会科学类两个大类，其中全国教育科学规划课题学科包含教育基本理论、教育心理、教育技术学、比较教育、基础教育、高等教育等不同的学科。除此之外，不同学校或单位的课题学科分类也是不同的，在申报材料时，根据学科分类，要求每项提交 2～6 份申报材料。

②申报材料以文本登记表为主，并用电子登记表备份。在申报时，课题申请者需要自行准备好相应的文本材料，待纸质版打印、电子版备份后，将相关材料整理好上报隶属区教科研管理部门，由其签署意见。同意申报后，会将材料汇总并转报相应的申报课题的受理单位。

③申报课题的时间由相应的管理部门来规定，如教育规划课题一般 3～5 年为一阶段，每年滚动申报一次，滚动课题由于特殊原因需要进一步持续开展

或进行更深入的研究而申报的，需额外填写课题滚动申报申请，从而将上一学年的课题延续到下一学年继续进行深入地研究。此外，个人规划课题一年申报一次，其他部门，如学会等组织的课题申报时间与个人规划课题大致相似。

④申报课题的材料是课题研究开展的基础，只有相关材料充分、完善、符合要求，后续的研究才能顺利开展；如若相关材料不符合要求，申报课题的受理单位将会不予受理或作无效处理。

4. 课题评审费用

课题的经费在不同单位的课题中体现不同，有些需要课题承担人提交费用，有些课题则会获得相应的研究经费支持。不同级别和要求的受理课题单位，课题申报评审费用限定的数额也稍有不同。目前，自主申报课题通常会有评审费，其标准在 200 元左右，需要课题承担人提交相应的费用。在中国学前教育研究会等部门申报课题实行免费。如果申报重大（点）资助课题或专项资助课题，被确定立项后，管理部门会给予一定的经费扶持。

二、申报书的撰写

申报书就是通常所说的课题研究方案申报表，需要严格按照课题申报书的内容和要求进行填写，课题申报书主要包含以下内容：

①申报人及课题组人员情况

②研究背景及意义

③课题关键概念的界定

④文献综述

⑤理论依据

⑥课题研究的目标与内容

⑦研究的创新之处

⑧演技的方法和手段

⑨研究的具体步骤与进度安排

⑩完成本课题研究任务的条件分析

⑪预期的研究成果

申报书的填写关系到课题能否申报成功，我们在填写时态度要严谨，工作要认真。充分思考各部分内容应该如何撰写，在撰写的过程中要注意哪些问题。针对这些问题，下面将做详细说明。

1. 申报人及课题组人员情况

这一部分除要填写相关人员的姓名、职称、职务等，更重要的是将每个人在课题研究中所担当的任务及分工划分清楚。幼儿园的课题研究通常是团队协作进行的，每个课题组核心成员所负责的内容侧重点是不同的。因此，在填写课题组成员基本情况时，要明确每个人的职责，以便后续研究顺利开展。

2. 研究的背景与意义

研究的背景与意义主要明确的是在当前情况下"为什么要研究这个课题"。这一部分内容可以结合社会现状、政策要求等阐述其重要性和必要性，如果课题研究能对研究者和研究对象成长有推进和帮助，包含理念的转变、行为的调整、问题的改善，或者是教育政策的落实情况等，不仅对教育改革有促进作用，对教师的专业能力发展也有积极的影响和作用。因此，阐述时可从国家、社会、园所、儿童等不同的角度去分析研究产生的价值与意义。

（1）以北京市学前教育学会"中华优秀传统文化融入幼儿一日生活的行动研究"课题为例。

国家层面：国家对传统文化的提倡与重视成为我们的引领

在经济文化全球化的今天，外来文化的冲击使我们对于传统文化的继承与发扬出现了缺失。中华传统文化是中华民族在形成、发展过程中所创造的物质文化和精神文化的总和，是中华民族的宝贵财富。一个国家与民族发展的不竭动力就是文化的传承，中共中央办公厅、国务院办公厅印发的《关于实施中华优秀传统文化传承发展工程的意见》指出，中华文化源远流长、灿烂辉煌。在信息快速发展的今天，传统文化仍以其深沉的精神追求和独特的精神内涵滋养着每一个中国人，国家对于传统文化也越来越提倡和重视，在国家政策引领我们更多关注传统文化，深入了解传统文化，使我们在传统文化的滋养中领悟中华文化精神内涵。

社会层面：目前幼教机构开展中华优秀传统文化教育的现状不容乐观

中华传统文化是个庞大的系统，内涵丰富，种类繁多，但并非所有内容都适于幼儿理解与接受，也并非所有内容都有益于幼儿身心健康发展。在中华传统文化教育日益受到重视的时代背景下，许多幼教机构为迎合市场和家长的需求，以"中华传统文化教育"为旗号，开展了一些不适宜甚至违背幼儿身心发展规律和教育规律的内容，这种教育不仅仅阻碍了传统文化启蒙教育的发展，更损害了幼儿的身心和谐健康发展。基于参差不齐的幼教机构开展中华优秀传统文化教育不乐观的现状，本着"取其精华、去其糟粕"的原则，选择适宜幼儿身心发展水平的、优秀的、健康的、积极向上的、典型的、充满趣味性的、贴近幼儿生活的传统文化内容展开启蒙教育，为幼儿后续学习和终身发展奠定良好的文化基础有着重要的价值。

儿童层面：了解中华优秀传统文化，对幼儿从小建立文化自信有着重要的价值

为幼儿从小树立"文化自信"、唤醒幼儿的传统文化基因，激发幼儿喜爱并亲近传统文化，增强传统文化的亲近感与向心力，使幼儿获得优秀传统文化的滋养，成为传统文化教育的发展方向。回顾与梳理中华民族五千年来的文化，蕴含浓厚智慧的各种文学作品，各具特色的音乐、舞蹈和戏曲，风格多样的民间美术，浓郁民族特色的传统节日等，都可以作为幼儿园课程的内容，实现幼儿身体、认知、情感、个性和社会性等多方面的发展，对幼儿从小了解中华民族文化、建立文化自信有着重要的价值。

园所层面：我园具有一定的传统文化积淀，具有在幼儿活动中融入传统文化的探索经验

我园始建于1954年，具有深厚、悠久的办园历史，在实践探索的过程中，积累了诸多的教育教学经验，同时对于传统文化也在不断地探索尝试，具有一定的积淀以及对传统文化的探索经验。在过往的摸索中，我们发现将中华优秀传统文化的教育内容有机地渗透到生活活动、区域活动、教育教学活动和户外活动中，符合幼儿学习与发展的规律，研究如何有效地将中华优秀传统文化融入幼儿的一日生活中，能够促进幼儿更好地吸收中华优秀传统文化的精神内涵，完善幼儿园课程内容。

（2）研究背景应立足于幼儿的发展、幼儿园教师的专业提升方面进行阐述。下面以北京市学前教育研究会"十三五"重点课题"促进幼儿主动学习的综合主题活动有效实施的实践研究"为例。

幼儿园综合主题课程对于幼儿发展的意义

《3~6岁儿童学习与发展指南》提到"关注幼儿学习与发展的整体性"。幼儿的发展是一个整体，要注重领域之间、目标之间的相互渗透和整合，促进幼儿身心全面协调发展，而不应片面追求某一方面或几方面的发展。该指南同时也指出，要重视幼儿学习品质，要充分尊重和保护幼儿的好奇心和学习兴趣，帮助幼儿逐步养成积极主动、认真专注、不怕困难、敢于探究和尝试、乐于想象和创造等良好的学习品质。为了落实和践行该指南的这一精神，大部分幼儿园都开展了综合主题活动课程。

从幼儿认知和学习特点来看，幼儿抽象思维能力还很低，认识和理解事物常常是粗浅的、表面的，所以对幼儿实施的教育不能过于分化。引导幼儿认识的事物必须具有浅显易懂、整体性强的特点。综合主题活动能够有效调动多种教育元素并使之交互作用，从而多角度地与幼儿的已有经验建立联系，能够做到兼顾群体需要和个体差异，使每个幼儿都能找到适宜的学习内容和方式，调动幼儿学习的积极性和主动性。

当前幼儿园教师在开展主题活动过程中面临许多困惑

目前，综合主题教育活动是幼儿园主流课程之一，大部分幼儿园都开展了主题活动，但结合对一线教师的调研及下园观摩，发现许多幼儿园或老师们对主题教育活动的认识不够，体现在开展的活动并非真正意义上的主题教育，主要体现在以下几个方面：①主题活动开展很随意，教师很少进行必要的准备和方案制定等；②主题没有体现促进孩子的发展，表现在主题活动开展之后，孩子们只是原有经验的重复，没有新经验的获得；③主题教育活动的开展形式和途径单一，只是几个集体教育活动的集合；④不会创设主题教育活动的相关环境和材料投放。所以，目前综合主题教育活动的有效开展是许多幼儿园教师的困惑。

此外，研究意义的写作还可以从理论意义和实践意义两方面进行阐述。理论意义是指课题研究在理论方面带来的新内容、对已有理论的丰富或发展。实践意义是指在解决实践问题方面的贡献，对现状的改进或推动。有的研究是理论研究，侧重写理论意义，有的是实践研究，可侧重写实践意义，有的研究在理论及实践上均有贡献，两部分都要简明地表述清楚。以课题"科学区活动材料投放及教师支持策略的研究"研究报告中的"研究意义"为例：

理论意义

丰富幼儿园科学区关于材料投放及教师支持策略的相关研究，针对现存问题进行有针对性的研究，以期提出具体可行的对策，为后续研究的开展提供参考，推动幼儿园科学区活动的有效开展。

实践意义

通过研究，既可以提醒教师在投放和更新材料时要把握的原则和应注意的问题，也可以帮助教师探索适宜的支持策略，更好地支持幼儿与科学区材料进行互动，激发幼儿探究兴趣，提升探究能力，建构科学知识经验，同时促进教师专业素养的提升。

3. 课题关键概念的界定

要注重科学性和完整性，概念界定是对课题研究的关键概念的说明。读者会根据核心概念的界定来看整个研究，即明确研究的点位是什么。课题界定通常是在整合了相关参考文献的基础上，引用了适合的教育原理，通过归纳整理，呈现出课题研究的核心概念的具体定义，是对整个研究课题名称的科学诠释和定义。

如在"幼儿数学操作性学习过程及支持策略研究"这一课题中，对以下3个关键概念进行了界定：

①幼儿数学。综合《幼儿园教育指导纲要（试行）》《3～6岁儿童学习与发展指南》以及一些著名的教学参考，梳理出了幼儿数学的内容，包含：集合与分类、模式、计数、数符号、数运算、量的比较、测量、图形、空间方位、数据分析、时间11个方面。幼儿园阶段数学的发展更重要的是激发和延续幼儿对数学的兴趣，将幼儿对数学的学习与生活紧密地联系起来，并迁移到生活的问题解决中。幼儿从中习得探索问题、解决问题的学习品质。

②幼儿数学操作性学习。综合参考文献资料，本研究在综合文献相关资料的基础上，将幼儿数学操作性学习定义为：成人有目的地提供数学教育材料，幼儿自主探索材料，产生数学经验和积极情感体验，增加数学过程性知识和技能，结合谈论、反馈和评价建构数学概念，提高解决实际数学问题能力的学习。

③支持策略。研究中，支持策略是指教师在婴幼儿数学操作性学习过程中，在环境创设、引导行为、教学设计等方面采取的方式、方法，其目的是为了激发幼儿对数学学习兴趣，引导其感知数学核心概念，提高其在生活中运用数学的能力。

4. 文献综述

文献综述是对相关或同类课题研究的文献检索分析。分类分析已有研究的成果及不足，旨在从更广的视角了解他人对于相关问题的思考与探索，从而找到自己的独特之处，"站在前人的肩膀上"开展自己的课题研究。

以课题"园内种植区中幼儿观察能力培养的支持策略研究"文献综述中的一小部分为例进行介绍。

幼儿园区域活动的研究

目前，国内对于区域活动的研究主要集中在 4 个方面。一是对于实施现状的研究，刘会敏（2006）、洪亚臻（2014）、刘玲玲（2015）、邓丽琼（2016）等研究者采用问卷法、访谈法对区域活动现状进行研究和分析。总结他们的研究，发现区域活动主要存在对区域活动的认识有偏差[1]，区域活动条件创设不利、区域活动中存在高控指导和放任自流的指导等问题[2]。二是对区域材料选择和投放的研究，申倩琳（2017）等对近 10 年我国区域活动材料投放的研究综述表明，区域材料与幼儿发展的关系研究不够深入，有待细化[3]。三是对区域活动中教师指导行为的研究，韩娜（2013）、冯秀娟（2014）、白雪梅（2015）等研究者分别探讨了教师在区域活动中的角色定位、教师的区域指导策略和指导有效性等方面的问题。四是对区域活动的生态式视角的研究。秦元东、王春燕提出生态式区域活动在空间的拓展、时间的灵活、内容的深化和品质提升等方面都超越了原有的幼儿园区域活动。[4]

已有研究揭示了当前区域活动中存在的、普遍的、共通的问题，研究者们对于问题都提出了各自的建议，但是行动研究乏善可陈，对于一线的教研者缺

---

① 邓丽琼. 幼儿园区域活动现状及正确指导策略［J］. 课程教育研究，2016（4）.
② 李会敏，季燕. 幼儿园区域活动组织实施的现状调查［J］. 山东教育（幼教刊），2006（Z6）.
③ 申倩琳. 近十年我国幼儿园区域活动材料投放研究综述［J］. 乐山师范学院学报，2017（5）.
④ 秦元东，王春燕. 生态式幼儿园区域活动指导［M］. 北京：北京师范大学出版社，2012.

乏可以参考的研究思路。

5. 理论依据

理论依据是研究者用于指导研究过程的教育理念或理论。在呈现这些理念或理论时，不仅需要解释这个理论的内涵，还应选取它与本课题研究有关系的部分，说明它对其课题的指导意义，并且在研究过程中体现出运用了这些理论。在下面的例子中，研究者选取了蒙台梭利教育理论对其课题研究有指导意义的理念，揭示了这些理念对选择科学区材料的启示。以课题"科学区活动材料投放及教师支持策略的研究"为例介绍蒙台梭利教育理论的内容：

蒙台梭利教育理论

意大利教育家蒙台梭利非常强调"有准备的环境"对幼儿发展的重要作用。蒙台梭利认为，为儿童设计"有准备的环境"是为了帮助儿童成功完成并重复那些看似简单的任务，从而获得一种自我感受、自我控制和对环境的掌握（蒙台梭利，1962）。蒙台梭利的学习材料就是操作性学习材料，强调材料的内在设计原则，设计的目的是直接或间接地为儿童的学习做准备。蒙台梭利还指出，一个东西要能吸引儿童的兴趣，不依赖于物体本身的性质，而依赖于它提供给儿童行动的机会。由于在身体运动与认知发展之间具有神经肌肉的联系，蒙台梭利认为儿童的活动或运动是其教学材料的一部分，这种身体运动的活动用以维持儿童学习的兴趣。根据蒙台梭利的观点，在选择科学区材料时就要思考其为幼儿是否提供了行动的机会、提供了哪些行动的机会。

6. 课题研究的目标与内容

目标和内容是课题研究的核心内容，只有明确目标，把握内容，才能更好地开展课题，也就是说，课题的目标与内容是整个课题研究开展的核心与基础。

（1）研究目标的确定

研究目标是课题研究最核心的内容，在分析课题相关研究现状与社会现状的基础上，结合课题最想要研究的问题，确定自己的研究目标，即对课题研究想要达成的理想或想要完成的研究任务的预设。概括来说，研究目标是问题的预想答案，即提出了要研究和要解决的问题，以及希望达成的目标。因此，研究目标一定要具体明确。

如中国科学院第五幼儿园的课题"幼儿园科学区活动材料投放及教师支持策略的研究"目标有以下两点：

①对科学区投放的材料进行研究，包括对应该投放哪些材料、材料所蕴含的关键科学经验进行研究，对如何投放材料，材料投放的依据、应该遵循的原则进行研究，以帮助幼儿建构关键科学经验。

②探索出教师对幼儿在科学区的探究活动可提供的有效支持策略，为幼儿提供有针对性的、适宜的支持。对科学区材料投放的内容、方式、原则、策略等研究的目标进行了预设。

（2）研究内容的确定

研究内容是开题报告的主要内容，研究内容的确定能够对研究后续的开展提供引领。研究内容要在研究目标的基础上，对目标具体细化和最终落实。研究内容应该与研究目标相互对应，与课题研究紧密契合，具体明确"研究什么问题"和"研究问题的哪些方面"。同时研究内容可根据研究目标的达成细分成多个小问题，从而形成幼儿园课题研究的几个子研究小组的具体研究内容。

如在"幼儿对规则的理解与执行力研究"中，当确定了研究目标的基础，就形成了与目标相对应的、具体细化的研究内容：

①通过文献阅读法，梳理幼儿各年龄段的规则内容。

②通过对幼儿教师进行问卷调查等方法，以年龄作为主要的维度对幼儿进行研究，建立幼儿规则理解与执行力的发展阶段描述。

③针对不同年龄段的幼儿，探讨符合其年龄特点的规则引导策略。

研究内容更进一步明确了研究的问题，细化了研究问题的各个方面。

7. 研究的创新之处

课题研究的创新性是基于已有研究的文献综述形成的，体现研究课题有别于其他同类别课题成果的独特性，创新之处既表明了自己的价值观和站位，又很好地体现了课题研究的重要意义和独特价值，也是作为课题立项评审最重要的评价标准之一。创新性可以体现在课题研究的内容、课题研究的方法、课题研究的具体应用等多个方面。

8. 研究的方法和手段

课题研究开展的具体措施就是研究的方法，需要在了解幼儿园课题研究方法的基础上，选择适宜自己的课题研究方法，以指导研究实践。研究方法的确定也是基于课题研究的目标和内容而形成的，首先要对教育科学研究方法进行深入地学习与剖析，知道研究方法适用的内容。根据想要达成的目标，在分析已有研究的基础上，明确自己的研究方法，研究方法的确定也是为达成研究目标而确定的。

如课题"幼儿生命教育规律与活动实践的研究"，根据研究的需要，选用了文献研究法、调查研究法、经验总结法、行动研究法、案例研究法等多种研究方法。

文献研究法：对国内外生命教育成果以及各园幼儿生命教育的研究成果和实践经验的借鉴。

调查研究法：运用问卷和访谈的方法对幼儿园生命教育进行现状调查，了解幼儿生命教育中存在的问题、亟待解决的困难、幼儿的发展需求、教师教育的重难点，以期为未来的培训和课程奠定基础、提供科学依据。

经验总结法：选择以往在实践过程中效果比较好、有影响的教师教育方案，进行经验总结，揭示其中规律性。

行动研究法：分析园内前期实施幼儿生命意识启蒙教育实践的现状，发现其存在的问题，分析存在这些问题的原因，拟定修改的实施方案，包括内容选择、实施途径、指导策略，根据方案进行实践，并在实践过程中运用过程性评价的方法进行评价、反思，然后，根据具体的情况进行再实践，再反思，寻找适合3个不同年龄阶段幼儿发展的生命教育内容和方法，不断调整和完善幼儿园生命教育内容和方法。

案例研究法：积累幼儿生命教育实施过程中的相关案例，并根据案例及时反思、调整生命教育的有效策略，使其更具操作性。

9. 研究的具体步骤与进度安排

研究步骤是对整个课题开展实施的计划与安排，要根据具体的工作安排与实践需求进行合理的布局与安排，一般根据时间和课题开展的顺序划分为前期阶段、中期阶段和后期阶段这3个阶段，分别对应的是课题开展准备、课题研究实施的过程、课题终期的梳理总结。每个阶段的时间安排、具体内容如何开展、研究目标如何在每一阶段的任务中落实，这些都会体现在研究方案中，能够保证研究过程的流畅自然，紧密结合，逐渐递进。

10. 完成本课题研究任务的条件分析

条件分析即可行性分析。课题研究是否可行，能否顺利开展，要从多个方面进行剖析。通常包括，研究人员、研究时间、研究任务等组织保证条件；制定课题实施计划、课题研究及学习机制、课题管理方式、激励教师的研究兴趣与热情等方面的制度保证；研究所需的参考书籍、研究性材料和实施性材料购置，外出学习等方面的经费保证；聘请专家进行指导、选派骨干教师外出培训等方面的技术保证；以及已有成果及经验的理论基础与实践基础保证等。在这些保证的论证中，能明确课题的实效性和可行性。

以中国学前教育研究会"十三五"滚动课题"幼儿园科学区活动材料投放及教师支持策略的研究"为例，完成本课题的条件有以下 4 个方面：

①依托"十二五"课题"幼儿科学领域的'核心经验'及其获得方式研究"、"十一五"课题"开发家长、社区科学教育资源的途径与方法的研究"的成果优势和已有的丰富经验，如《快乐科学小实验》教师用书、幼儿用书，《快乐科学小实验》材料包等，在幼儿园创设了涉及物质科学、生命科学、地球和空间科学等多领域的科学探索室等，这些成果和经验为我们开展"十三五"课题研究奠定了理论基础和实践基础。

②依托课题组成员中优秀骨干教师的研究力量，本课题研究的核心成员涵盖了园长、保教管理人员、骨干教师等，他们既有深厚的理论功底，又有较强的科研实践能力。

③依托中国科学院幼儿园周边各大科研院所的家长资源、科普专家和硬件设施。

④依托中国科学院幼儿园充裕的课题经费支持，以及对幼儿园科学区活动所需材料的支持。

11. 预期的研究成果

预期的研究成果是课题开展过程中最终效果的预估，包括研究报告、专著、教学案例、活动集锦、教师论文集、教学软件等等。

三、课题申报的要求

第一，幼儿园课题立项申请表通常在电脑上填写，认真检查后打印纸质版进行提交，电子版留存备份；也可下载、打印纸质版表格，用钢笔或圆珠笔认真填写。

第二，课题类别，一般按照课题指南进行填写。如中国学前教育研究会"十三五"课题指南将主要的研究类别分为：学前教育事业发展与管理，学前儿童发展与教育，幼儿园健康与安全教育，幼儿园的课程，游戏与玩具研究，家庭、幼儿园、社区协同教育，教师专业发展与教师教育7个研究方向（详见附录1）。

第三，填写课题负责人及主要参与者，其中多人参与研究的课题，其主要负责人需具有高级专业技术职称，如不具有高级专业技术职称，则须由两名具有高级专业技术职称的人填写推荐意见，推荐意见包括课题主持人的专业水平、研究能力、组织能力等，这样才能作为主要负责人主持课题的研究与开展。主要参加者在课题研究中承担的工作也要明确填写。

第四，申报书的撰写要结合前文所述申报书的内容，做到观点明确，表述清楚，简明扼要，也可根据实际阐述的需求，适当添加附加页。

第五，填写内容要做到实事求是，真实地反映课题研究开展的思路与计划，应包含申报书撰写的主要内容，表达需清楚、明确、严谨、规范。如手写填报，则需做到字迹清楚，容易辨认。

第六，课题申报书完成后，课题申报人所在单位要先对相关内容进行审核，对其申报资质和研究条件进行认真核查，通过审查后，签署书面意见，说明能否对课题研究提供支持。

四、课题申报书实例

北京市学前教育研究会"十三五"课题申报表

课题名称	园内种植区中幼儿观察能力培养的支持策略研究					类别	03 类
课题负责人 1							
姓名		学历		职称		职务	
工作单位						区县	
通讯地址						邮编	
固定电话				手机			
E - mail						是否是会员	
课题负责人 2							
姓名		学历		职称		职务	
工作单位						区县	
通讯地址						邮编	
固定电话				手机			
E - mail						是否是会员	
主要参加者							

姓名	工作单位	学历	职称	职务	研究中承担工作

（续）

随着国家对学前教育的有力支持和幼儿入园率的大幅提升，提高幼儿园的教育质量被赋予了更多的关注和期望。教育部制定的第二期学前教育三年行动计划中，"提升质量"成为行动计划的四项重点任务之一；北京市政府将"实施学前教育质量提升项目，全面促进幼儿园内涵发展"列为二期行动计划的重点项目。种植区作为幼儿园教育科学领域的活动区之一，如何才能有效发挥其教育价值？种植区在培养幼儿的科学探究能力方面可以提供哪些支持策略？这些问题的解决无论是对学前教育事业的长远发展，还是对幼儿园当下的内涵发展都有着积极而重要的意义。

一、研究背景

1. 观察能力是幼儿基本的、重要的科学探究能力

发展初步的探究能力是幼儿科学学习的核心，而观察能力是科学探究能力不可或缺的组成部分。

从科学探究的角度来说，自古至今，无论科学技术如何发展，科学水平如何提升，"观察"这一行为始终是科学探究的重要环节和方法。从肉眼观察到应用高精仪器进行观察，观察能力始终是幼儿科学学习过程中必须使用的技能。

从幼儿发展的角度来说，幼儿的逻辑推理能力有限，认知过程更多依托于具体形象思维，更适合通过直接感知、亲身体验和实际操作进行科学学习。因此，幼儿需要具备一定的观察能力，通过直接的观察行为去获得科学知识和经验，进而促进思维发展和认知发展。

2. 传统种植区教育对幼儿观察能力的培养缺乏支持

种植区作为幼儿园科学领域的活动区之一，被赋予了培养幼儿科学素养，发展幼儿科学探究能力的教育期望。然而，已有研究表明，幼儿在种植区中更多的是无目的的短暂观察和无意识摆弄，传统种植区教育对幼儿的科学学习缺乏有效的支持。这种缺乏体现在以下几个方面。

一是种植区环境创设不足以支持幼儿的科学学习。传统种植区中的植物选择过于随意，结构单一不够丰富，环境创设的无序使得种植区不足以成为支持幼儿科学探究的、有准备的环境，影响种植区发挥其应有的教学功能。

（续）

二是种植区教育缺乏系统、科学的体系支持，在幼儿观察能力的培养上呈现低效能。其一，传统幼儿园课程体系中，幼儿缺少与环境的互动，学习观察知识和技能的方式过于片面，缺少直接观察和探索的机会，这并不符合幼儿的思维发展特点，因此，种植区的教育支持体系存在效能低下的问题。其二，幼儿园种植区的教育体系多依托学前教育的理论和实践，以及教师的通俗经验，而非植物学的系统学科知识，这二者之间存在专业性上的显著差距。从植物学学科的角度来说，这样的种植区教育缺乏科学性，直接影响幼儿获取与植物相关的关键经验和认知。

3. 充分发挥种植区的教育功能是幼儿园内涵发展的重要组成部分

继幼儿园数量增加，"入园难"问题得到初步缓解之后，提升幼儿园教育质量受到越来越多的关注和期望。活动区建设是幼儿园内涵发展的重要组成部分，因此，创设有准备的种植区环境、探究种植区在幼儿观察能力培养方面的适宜有效的支持策略，对幼儿园内涵发展有着重要、积极的意义。

4. 探究种植区的教育支持策略是教育生态观在幼儿园教育中的实践

幼儿对环境具有广泛的接受性和依赖性，因此环境对幼儿的成长具有深刻的塑形性。种植区跟幼儿园其他环境和区域相比较，其独特之处在于：种植区中的植物是天然的，但是所有的植物及其生长都能体现教育性，因此，种植区创设是自然性和社会性结合的结果。此外，种植区应该是"流动"的，即根据幼儿的需求随时调整。可以看出，建构有层次的植物区，建构能够适应不同年龄幼儿发展需求的种植区，是生态观教育的正确实践。

二、研究内容

（一）概念界定

通过资料查找和分析，结合研究的实际，对以下 3 个概念给出界定。

（1）种植区：种植区也叫植物区，是幼儿园活动区域之一，是教师根据幼儿的年龄特征和发展水平，以培养幼儿的科学探究能力、发展幼儿的科学认知为主要目标，有计划地培育或指导幼儿养育植物，以供幼儿学习和探究的环境。

（续）

（2）观察能力：指的是全面、准确、深入地认识事物特点的能力。

（3）幼儿观察能力：幼儿能够综合运用感官，感知事物，全面且深入地认识事物特点的能力。

（二）研究目标

（1）根据幼儿的年龄特点和植物学科知识，建构有层次、有准备的种植区环境。

（2）在种植区种植和养护植物的过程中，为小班、中班、大班教师提供用于支持幼儿提升观察能力的活动方案以及其他支持策略。

（三）研究内容

1. 设置种植区环境和植物

（1）根据植物学的学科知识结构，结合幼儿的发展特点，构建适合不同年龄阶段幼儿发展水平的种植区环境。

（2）根据幼儿园的实际情况，规划幼儿园种植区中植物的种类和数量；投放多样的、有层次的、数量适宜的植物。

（3）提供幼儿可以使用的、适宜的观察工具及测量工具；提供种植和养护植物必需的工具和设施。

（4）提供辅助幼儿观察和记录的现代科技产品。

（5）投放与种植、养护及与植物相关的绘本和图书。

（6）支持幼儿观察、记录墙面布置。

2. 构建支持体系

架构种植区中激发幼儿观察兴趣和培养幼儿观察能力的教育支持体系，包括区域活动指导方案、集体活动方案、空间延伸活动方案等。

（1）梳理种植区中涉及的植物科学核心概念，如植物的多样性、植物与环境的关系、植物与人们生活的关系、植物与动物的关系、生态保护等。

（2）梳理本课题中幼儿学习与发展的核心经验和目标体系。其中，目标体系以探究能力和科学精神为主，其他领域的发展目标辅助"激发观察兴趣、培养观察能力"的主要目标。

（续）

（3）将各年龄段幼儿在种植区中可以参与的观察活动具体化、系统化。以小班为例，适用小班幼儿的活动方案有哪些，在这些活动中可以获得哪些植物的关键经验，使用哪种观察方法或工具，教师可以提供哪些支持等，这些内容在研究过程中会逐渐形成一个可操作的、科学的体系。

（4）该支持体系以种植区的观察为主，但不局限于种植区。随着幼儿科学探究经验的迁移，家庭、社区、植物园、公园、郊外等都可以成为幼儿科学观察的场所。

三、研究计划

1. 研究方法

研究中采取行动研究的策略，以解决实际问题为主要目的。研究方法有文献法、案例法、观察法等。

2. 研究阶段

（1）研究周期：2016 年 3 月—2018 年 12 月

（2）课题实施阶段：

第一阶段（2016 年 3 月—2016 年 9 月）：结合植物学学科结构与幼儿发展特点，预设种植区环境配置方案，架构种植区中幼儿科学观察的支持体系；对参与研究的一线教师进行相关培训，使之明确研究的目标、内容与实施方法。

第二阶段（2016 年 10 月—2018 年 6 月）：创设有准备的种植区环境，在种植区中实践科学观察体系，并根据幼儿的行为及时调整、完善环境和科学观察体系。最终形成完整的种植区中幼儿观察能力培养的支持策略体系。

在研究过程中，教师需要根据幼儿的年龄特点和种植区实际情况，为培养幼儿观察能力提供必要的支持：植物、图书、墙饰、工具等配置；设计幼儿观察活动和记录表；观察、评价、总结幼儿种植区中的科学观察行为；根据幼儿的需求及时调整环境或观察活动；定期整理研究资料等。

第三阶段（2018 年 7 月—2018 年 12 月）：结题，撰写结题报告。

（续）

3. 预期成果

整理小班、中班和大班的种植区配置、观察活动手册、记录表和教师教育笔记等内容。

四、完成条件

如果课题申报成功，幼儿园对于后续课题实施和如期结题有充足的信心，这基于以下 4 个方面的切实保障。

（1）人才保障：课题组成员中，有植物学专家、教授，他们能从学科角度提供全方位的课题指导支持，也有专业水平高、多次参与过国家级或市级课题的教研员，还有实践经验丰富的一线教师，多层次、高水准的人才结构能够保障课题的顺利实施。

（2）实践保障：中国科学院第三幼儿园在幼儿园科学领域教育上有几十年的积淀，在种植区有较为充实的教育经验和反思，这些先导经验和反思促成了该课题的产生，在实施过程中也会是非常宝贵的参考资料。

（3）物质保障：幼儿园会为所有参与课题的班级配备种植区所需要的植物、种植工具、测量工具、相关图书和绘本、仪器（如照相机、录音笔、打印机、联网电脑）等材料。

（4）经费保障：中国科学院幼儿园向来非常鼓励课题研究的工作，因此园方会提供充裕的课题经费给予支持。

五、参考文献

[1] 张俊. 幼儿园科学教育［M］. 北京：人民教育出版社，2004.

[2] 李季湄，冯晓霞.《3～6 岁儿童学习与发展指南》解读［M］. 北京：人民教育出版社，2013.

[3] 教育部基础教育司. 幼儿园教育指导纲要（试行）解读［M］. 南京：江苏教育出版社，2002.

（续）

［4］刘占兰.学前儿童科学教育［M］.北京：北京师范大学出版社，2008.

［5］夏力.学前儿童科学教育活动指导［M］.上海：复旦大学出版社，2009.

［6］祁海芹.幼儿科学教育教学方法［M］.北京：高等教育出版社，2012.

［7］周京峰.学前儿童科学教育新体系［M］.济南：山东人民出版社，2012.

［8］李槐青.当前幼儿园科学教育中的问题及对策研究［D］.长沙：湖南师范大学，2006.

［9］霍力岩，孙冬梅.自然观察智力及其在幼儿园教育中的培养［J］.教育科学，2006（3）.

［10］彭琦凡.3～6岁幼儿科学探究的年龄特点及其引导［J］.学前教育研究，2010（12）.

课题负责人所在单位意见：（请写明能否对课题研究给予支持）

单位领导＿＿＿＿＿＿＿＿

年　　月　　日

评审组意见（由研究会填写）

评审组负责人＿＿＿＿＿＿＿＿

年　　月　　日

第三节　课题开题

进行课题开题论证，是课题开题的重要环节与标志。课题开题论证主要是对设计好的课题能否顺利开展而进行的专家审定，主要从课题的关键词的界定、理论依据是否能有效支撑所研究的课题、课题研究的现状，以及本课题研究的意义和价值来分析课题研究，在肯定研究具有一定的理论指导或实践意义的基础上，由专家帮助梳理整个研究思路，以提供一些有助于研究顺利开展的有效建议和意见。

一、开题论证的含义和价值

开题论证具有非常重要的意义，它不仅强调了课题研究的意义和价值，也会为后续研究的开展提供思路、指明方向。通过开题论证，更好地明确了研究的意义与价值，通过对研究目标、内容、方法、步骤等项目分析与考量，判定课题研究的思路是否合理可行，由专家从专业的视角给予建议，找到课题研究设计的亮点与合理、可行的部分，以利课题的开展、实施与推进；同时，找出设计不合理或有待调整的内容，给出有价值的建设性修改意见，保证课题研究的视角和着眼点的正确性和准确性。开题论证对保证课题后续研究工作的顺利开展具有重要的意义，同时也能有效地保证课题开展与实施，提高课题研究的质量。

二、开题论证的方式

课题论证会、课题评审以及自我论证是常见的课题开题论证的 3 种基本的形式。

1. 课题论证会

课题论证会就是我们平常所说的开题报告会，一般是由科研主管部门或者是由课题的负责人邀请专家评委组织开展的现场论证，由课题负责人或课题组主要成员现场汇报开题报告，专家会针对课题组汇报的课题的意义和价值、课题的创新点、课题研究的整体设计，以及课题研究的可行性等方面进行评议。针对汇报人的汇报，专家提出问题、疑义或意见。在与专家的对话中，汇报人解答专家的问题，更加清晰地向专家介绍本课题的设计，从而让专家更好地了解课题，为课题研究给予评价，并给出有效的建议。

2. 课题评审

课题评审是指由科研主管部门组织专家评委进行的开题论证，通常运用通信论证的方式，即不需要到场现场论证，只需将相关材料发送给专家，由专家对文本材料进行审阅，对上报的科研项目申请进行审核，根据开题报告及课题立项申请书等内容，评价课题研究的意义、课题研究的内容、研究的方法和思路、支持研究开展的必要条件、课题的实施能否取得实质性进展的过程，在分析评议的基础上，针对能否立项提出意见。由专家评审通过的课题，经上级主管部门的批准，方可正式成为立项的课题研究项目。

3. 自我论证

自我论证是对自己课题的反思与完善的重要环节和过程，也是开题论证的一种形式，是课题论证会和课题评审的基础，是针对课题论证的内容而展开的逐项自评工作。自我论证是由课题研究人自定的，不需要申报、审批等各项手续，但对课题研究的后续开展及课题论证会、课题评审的顺利通过有着积极的意义。进行自我的论证，可以邀请同事、同行进行评议，提出修改意见，以确保研究有价值、真实可行且具有创新性，在此基础上更好地完成自评，为开题做好相应的准备工作。

在幼儿园的日常研究中，开展自我论证是幼儿园教师研究意识的重要体现，即便并非申报立项的课题，也能从研究规范的角度进行自查与反思，从而提升自己的教育科学研究能力。而一般申报立项的课题研究主要的论证方式，即以上提到的两种——课题论证会（现场论证的方式）和课题评审（通信论证的方式），这两种方式可以根据自己课题开展情况或根据专家的安排来确定最终的形式。组织现场的课题论证能够更有效、更深入地与专家进行深度的交流，在双方深入了解课题的基础上给予建设性的意见与指导。通信方式的课题论证则不受时间、空间的限制，利用现代网络技术，传递必要的信息，迅速且高效。两种形式各有各自的优势，课题负责人可根据实际情况选择适宜的论证形式。

三、开题报告书的撰写

开题报告书是在课题立项后，在课题研究正式启动之前，结合专家给出的指导意见和建议，对课题研究的各项内容进行更深入、具体的研究，是对立项时所书写的研究设计的进一步细化，能够进一步明确课题研究开展的主要流程与思路，指导课题实践的开展。

课题研究在立项阶段对于实践过程中可能遇到的实际问题预想不够、考虑的不够充分，导致出现不符合实际情况的理想化的计划；或者目标定位不准确，需要进一步聚焦；研究方法和步骤不够具体、明确等问题。因此，撰写开题报告，就是在原有课题方案的基础上，结合专家意见与实际情况进行的调整与细化。

四、开题报告书的结构

开题报告书是课题开题阶段最重要的展示方式，和立项申请书相比，尽管二者的结构相似，但写作的重点不一样。立项申请书的重点是研究的意义、价值，而开题报告的重点是要写清楚如何完成这项课题研究（开题报告的实例详见附录2）。

开题报告书的结构主要包含以下 10 个方面：

（1）问题提出背景

（2）研究范围与核心概念界定

（3）国内外研究进展综述

（4）研究的理论依据

（5）主要创新点

（6）研究思路、目标、内容与方法

（7）研究计划

（8）预期研究成果及形式

（9）课题保障

（10）参考文献

第四节 研究方法的运用

研究始于问题，而科学地解决问题就需要采取一定的程序、措施，或借助一定的工具，这里说的程序、措施、工具就是研究方法。正确的运用研究方法，可以提高研究结论的科学性、准确性、可靠性，教师也可以借鉴研究者的经验或者在此基础上做进一步的研究。

研究方法有多种，从总体上来说，可分为量化研究、质性研究、行动研究这三大范式。学前教育课题研究的目的在于解决教育实践的问题，而教育的实践性问题通常不是一次实践就能完全解决的，行动研究范式正好可以满足这种研究的需要，所以学前教育课题研究最常用的是行动研究范式。范式可以简单地理解为模式，在一种研究范式下又有各种具体的研究方法。其中，在行动研究范式下常常使用文献研究法、观察研究法、调查研究法（包括问卷法和访谈法）、经验总结法。此外，个案研究法、教育实验研究法在学前教育课题里也时常见到。

一、行动研究

行动研究是研究者针对教育问题进行研究并落实教育措施，在教育实践中研究和解决问题的一种研究范式。在行动研究中，研究者既是教育措施的研究者，也是教育措施的实践者。它不是与观察法、调查法等方法并列的一种研究方法，而是比这些具体的研究方法更上层的概念，被称为研究范式，在这个范式下可能会综合使用文献法、观察法、调查法等研究方法。

行动研究的基本步骤：计划—实施—反思—调整，并在循环实践的基础上撰写研究报告。在计划阶段，可能会采用文献法来了解研究现状，用观察法和调查法相结合的方式来了解教学现状或问题，确定研究问题，拟定出解决该问题的教育措施。然后实施这个或这些教育措施（实施阶段），在实施的过程中通过观察研究或调查研究等方法来分析教育措施的效果或存在的问题（反思阶段），再针对这些问题，拟定调整的方案（这也可成为新一轮的行动计划）。

如课题"中华优秀传统文化融入幼儿一日生活的行动研究"对于行动研究

的运用：通过搜集、整理、分析与课题实践研究相关的文献资料，将理论与实践相结合，初步拟定研究方案，这是计划环节。通过搜集中华优秀传统文化融入幼儿一日生活的方式和途径（中华优秀传统文化融入幼儿一日生活的环境和大型节庆活动），在实践过程中大胆尝试中华优秀传统文化如何通过环境和节庆日的氛围滋养幼儿，这是行动环节。在行动实践的过程中及时自省，发现研究中的问题与困惑，通过分析、合作、探讨、研究，反思实践中的不足，提出探索中华优秀传统文化融入环境及节日的有效途径与策略，梳理总结，最后解决问题，达成研究目标，这是反思与调整环节。

二、文献研究法

既然研究需要依据，那么查阅文献就成为必然。文献研究法是通过搜索、筛选、梳理文献资料，得到问题答案的方法。通过文献综述对课题的研究现状有系统的认识，从而更明确课题研究的意义、目标和创新点。

文献资料包括书籍、论文、杂志、报纸、未发表的研究成果等等，形式包括文字、符号、图像、声频、视频等等。国内常用的文献查阅途径有中国数字化期刊群（万方）、百度学术（http：//xueshu.baidu.com/）、谷歌学术（scholar.google.com.cn）、台湾期刊论文、台湾学术文献数据库、台湾学术期刊在线数据库，以及中文学位论文网，如中国知网、高校图书馆、国家图书馆、中国国家数字图书馆（www.nlc.gov.cn）、鸠摩搜书（www.jiumodiary.com）、教育统计数据（www.moe.gov.cn）等网站；国外的可以用 www.sciencedirect.com 等途径进行搜索。在查阅文献时，首先要确定与研究问题相关的关键词或主题，力求精确检索和全面检索，也可以在阅读某些文献时，查找里面参考的文献，以追溯前人的研究。另外，如果知道与课题相关的研究专家，可以优先查找这些专家的相关论文。

不同来源的文献资料对回答问题的价值不同，从文献的可信度、科学性而言，核心期刊上的论文比普通期刊上的文章更严谨。参考、引用核心期刊的文献来回答课题的问题更有说服力、更有可信度。同理，参考某领域专家的书籍比其他书籍更专业、更系统。例如，在幼儿数学方面，查阅、参考张俊、黄瑾、林嘉绥等教师的书籍，能对幼儿数学这个学科有全面且系统的认识。在查阅过程中不仅要全面检索出课题相关的文献，而且要从中筛选出对回答问题更有价值的资料。查阅文献一般遵循如下原则：有核心期刊的文献，不用一般文献；有专家专著，不用一般书籍；有正式出版资料，不用内部资料；有直接资料，不用间接资料；在时效性上首选近 5 年以内的文献。

以"十三五"课题"幼儿数学操作性学习过程及其支持策略研究"为例，简要概述如何进行文献检索。

登录"中国知网"，以"幼儿数学"为关键词查找，得到 408 条文献信息。通过被引次数来排列，可以把质量较高的文献排在前面。从中可以看到，以"幼儿数学"为关键词来查找，得到的文献范围较宽，研究角度也很广，我们可以了解到研究的概貌。要进一步精确查找，可以在"高级检索"中尝试查找两个并列关键词"幼儿数学"和"操作性学习"，结果只得到 3 条文献信息。信息比较少，可以扩大范围，将"关键词"改为"摘要"来检索，得到 5 条信息，再将"关键词"改为"全文"来检索，得到 65 条信息。除了以上的方法，页面上还有许多选项可以尝试，如选择"文献""期刊"或者"硕博士（论文）"等，通过尝试发现不同选项会得到不同的结果。硕博士论文是很值得阅读的一类文献，里面的文献综述比较系统、研究相对严谨，还有不同研究方法的具体运用，可以从中看到许多参考文献。

书籍、专著也是非常重要的文献资料，了解领域内的专家，选择他们的著作是一个好途径。如幼儿数学方面的国内专家有张俊、黄瑾、林嘉绥等等，可以找他们的著作来阅读。比较著名的国外教育有高宽课程、瑞吉欧教育体系、蒙台梭利教育体系等等，这些都可以成为参考文献资料。

搜索、筛选文献后，要对文献进行梳理和综述。常用的梳理方法是归纳和分类，先按不同的主题分类，建立写作的框架，然后陈述每一类文献的观点、方法和结论，以及它对回答课题相关问题的意义等。在陈述每一类文献时，可以边陈述边评价，也可以先一一列出已有研究成果，最后总结性地评价。在充足的实证研究面前，还可以做元分析（meta-analysis），通过统计分析的方法来揭示两个变量之间的真实关系。在评价已有研究成果时，最重要的是揭示已有研究与课题的关系、意义等等，而不是纯粹地罗列已有研究成果。若与课题关系不大，这种文献可以去掉。

通过文献法可以了解国内外与课题研究相关的已有研究成果，反映课题研究者对课题相关资料的掌握和对研究现状的把握。这一步做扎实了可以更自如地参考和运用已有的、优秀的研究成果,并在此基础上找到研究的创新点,把握课题研究的创新点。因此,文献法的正确运用对整个课题研究起着非常重要的作用。

【例1】"幼儿生命教育规律与活动实践的研究"研究报告中,第二部分"相关的研究综述"的目录如下。

(一)幼儿生命教育实践的相关理论基础

1. 儿童发展与教育理论

(1)全人教育理论

(2)生活教育理论

(3)《3~6岁儿童学习与发展指南》

2. 社会生态系统理论视角下的生命教育

(1)社会生态系统理论概述

(2)社会生态系统观下的生命教育

3. 从需要层次理论看生命教育

(1)马斯洛的需要层次理论概述

(2)马斯洛的需要层次理论对生命教育的启发

(二)幼儿生命教育的理论与实践综述

1. 幼儿生命教育的概念与内涵

2. 幼儿生命教育的内容

3. 幼儿园开展生命教育的途径与方式

(1)幼儿园开展生命教育的主要途径

(2)目前幼儿生命教育的主要活动方式

4. 生命教育的研究范式

(1)专家评议

(2)实践反馈

(3)量化研究

【例 1 分析】

1. 从结构上看

在目录中可以看到综述部分有 3 个层级的标题，层次关系非常清楚，这是作者对已有文献资料进行分类、归纳得到的结构框架。这些内容都是与课题"幼儿生命教育规律与活动实践的研究"有密切关系的。

2. 从内容上看

以该研究综述中（一）1.（3）《3～6 岁儿童学习与发展指南》（简称《指南》）为例来阐述。

《指南》从五大领域（语言、健康、社会、科学、艺术）阐述了幼儿的学习与发展。《指南》的实施将有助于使全社会认识、了解儿童的天性和认知规律，珍视童年生活的独特价值，并在全社会树立正确的教育观、儿童观和质量观。健康领域从"身心状况、动作发展、具有良好的生活与卫生习惯"3 个维度制定了目标[①]。幼儿健康领域涵盖了身体健康、情绪稳定、保健常识、自我保护等内容，这些内容包含着生命教育中对生命的认识、生命的情感、生命的保护等。可见，健康领域是与幼儿生命健康教育课程关系最直接的。社会领域目标从"人际交往"与"社会适应"两个层面进行目标表述，包含了喜欢交往、能与同伴友好相处、关心尊重他人、具有初步的归属感等 7 个子目标。在幼儿生命教育中，社会性的发展是很重要的一部分，幼儿能够在不断的体验中获得自信，学会承担责任。可见，社会领域的学习与发展是幼儿生命教育的重要内容。科学领域的目标指出："认识常见的动植物，能注意并发现动植物是多样的，初步了解和体会动植物和人们生活的关系……"对自身及动植物的生命现象的探究就是幼儿生命教育中对生命本质的探索。生命教育的内容要与科学领域有密切的关系，要以幼儿的生活经验为出发点，引导幼儿发现生命的奥秘。从《指南》健康领域、社会领域、科学领域的目标分析，其中涉及了自然生命、社会生命和精神生命 3 个层面，是幼儿园生命教育课程建构的可靠依据。

---

① 李季湄，冯晓霞.《〈3～6 岁儿童学习与发展指南〉解读》［M］.北京：人民教育出版社，2013.

《指南》是幼儿园教师都熟悉的纲领性文件，上述将《指南》里对"生命教育"有指导意义的内容挑选出来作为"生命教育课程建构"的依据，与课题无关的内容则不提及。不仅如此，课题研究者还在此基础上做了分析和总结，点明了上述挑选出来的这些内容对本课题研究的指导意义，如"幼儿健康领域涵盖了身体健康、情绪稳定、保健常识、自我保护等内容，这些内容包含着生命教育中对生命的认识、生命的情感、生命的保护等。可见，健康领域是与幼儿生命健康教育课程关系最直接的"。

例1的其他部分也都体现这种思路：引用已有文献中与课题相关的内容，分析和揭示这些引用的内容对本课题研究的意义。可见文献综述不是对已有文献的堆砌和诠释，而是带着对课题的相关思考，对已有文献进行梳理、归纳，最终的落脚点都是所引用的文献对本课题研究有什么启示、有什么意义，从而发现需要进一步研究的问题，以及立足角度，为进一步的研究奠定良好的基础。

可以说，文献综述是整个研究的基础。大到帮助研究者确定研究思路，对解释研究的发现，提升研究的高度都有重要的价值；小到确立研究选题，寻找适合的研究方法，甚至研究中核心概念界定都需要运用此方法。

【例2】"幼儿对规则的理解与执行力研究"中，对"规则"的界定如下。

经查阅文献，"规则"一般指由群众共同制定、公认或由代表人统一制定并通过的，由群体里的所有成员一起遵守的规章条例。其存在的前提一般是社会全体成员共同承认并且自觉遵守的客观规律与法则。一般来说，规则具有一定的科学性、合理性、合法性。根据性质划分，规则可分为常规性规则与临时性规则，前者包含了生活常规与道德常规；根据社会规范教育划分，规则可分为公共规则、集体规则、交往规则与基本道德规则。张霞将规则分为日常生活规则、教学规则、游戏规则与交往规则。在幼儿园中，规则很多时候体现为幼儿的常规，是幼儿必须遵守的日常生活规则。它是幼儿园为了使幼儿的生活内容丰富且有规律，调动幼儿在一日生活活动中的主动性、积极性，培养自主性和独立性而采取的措施。

在上述相关文献研究的基础上本研究将规则的定义界定为存在于幼儿园各活动中，旨在维护幼儿安全与纪律，协调幼儿人际关系，以及促进幼儿学习的行为规范与准则，包括：公共规则、生活规则、游戏规则、社交规则等。

【例2分析】

在对"规则"的界定中，可以看到该研究的作者界定该词的思路和依据。该作者通过检索相关文献，先从"规则"的通常含义来解析，再结合幼儿园的研究背景来界定在该研究中"规则"的定义。教师从中可以更好地理解"规则"的含义。

文献法主要是对已有研究成果的梳理，内容包括总结已有的研究发现，梳理已有的研究工具和研究方法，为进一步研究奠定良好的基础和提供一定依据，但不能提供新的数据，所以要开展课题研究，还需要运用其他研究方法来推进。

三、观察研究法

观察研究法是幼儿园开展课题最常用的具体研究方法之一，也是幼儿园教师在日常工作中常使用的研究方法。观察研究法是研究者有目的、有计划地在自然环境或有控制的环境中对教育现象或行为进行客观、系统的连续观察和记录思考，从而了解行为特征或规律，对行为做有依据的解释的方法。观察研究法运用研究者的感官收集信息，其中最主要的是看和听。

幼儿的语言能力正在发展中，尚未成熟，对于周围所发生的事以及自己的思维、体验通常不能充分地表达，所以访谈法和调查法对幼儿的运用较少。而观察法却可以直接获取信息，不受幼儿的发展水平影响，并且在自然环境中就可以进行。

观察研究法可以观察行为表现，却不能直接了解思维等心理活动过程。另一方面，研究者的注意是有选择性的，都是根据自己的已有经验、理论和信念来筛选和加工所观察的现象，所以更有可能关注到那些与自己专业兴趣或专业训练相关的行为，而不是像照相机那样所拍即所见。此外，观察不仅是看，更重要的是有目的地去观察以及运用自己的知识和理论去理解或分析所观察到的行为或现象。

有目的地去观察，事先要确定观察目标，最可能观察到目标行为的时间、地点和场景，以及观察的方式（例如时间抽样、事件抽样等方法）。其中最可能观察到目标行为的场景包括材料的投放、环境的设置等专业的准备。确定了观察目标就意味着对目标行为的定义和范畴很清晰，能对现场行为是否为目标行为进行判断和筛选。根据观察目的及目标行为的特点，选择适合的观察方法。常用的观察方法有：叙述性描述、时间抽样、事件抽样、频次计数或持续时间记录。叙述性描述（也叫实况记录）是将观察时间内发生的行为做具体、客观地描述，在观察时间内发生的每一件事都是目标行为。如叙述性描述："皮皮来到幼儿园时其他孩子已经在区域里活动，他把书包拿下，将外套脱下并叠好，将它们放到他的书包格子里，然后站在格子旁边四处张望，大约站了1分钟，观看其他孩子活动"。这个例子具体描述的是皮皮早晨入园时的表现。"豆豆玩手头玩具20分钟"，这种记录是对时间的持续记录，没有将具体的行为表现记录下来，不是叙述性描述。时间抽样是设定观察时间的长度、时间间隔，然后在观察时间里记录目标行为的次数、类型或表现。如观察攻击行为，观察1分钟，停顿1分钟，记录在观察的1分钟内幼儿攻击行为发生的次数或攻击类型、攻击表现。事件抽样是指确定目标行为之后，在观察情境中只要有这些行为发生就做具体记录。

观察、记录了之后，要运用自己的知识和理论去理解或分析所观察到的行为或现象。同样的场景，同样的行为，不同的人对此的解读不一样。例如，一个幼儿在搭积木，对幼儿学习与发展相关知识了解少的人，会解读为他在玩，而具有相关知识的人可以看到他正在学习，他正在获得或运用的概念或技能等等。所以观察不仅仅是通过眼、耳、鼻等器官收集到的信息，另一重要的部分是如何解读和解释收集到的信息。解读信息的能力很大程度上取决于观察者已有的经验、知识理论、信念信仰等。对幼儿教师而言，要储备五大领域系统的学科知识、核心经验、发展进程等方面的知识，熟知幼儿的年龄特点，才能更好地解读幼儿，进而支持幼儿的发展。

以下举例：例3通过表格的形式呈现观察包含的项目，有助于我们做观察计划；例4展示用观察研究法记录和分析出的具体内容。

【例3】 "科学区活动材料投放及教师支持策略的研究"中的观察记录表。

科学区活动观察记录表

观察日期：

观察者		观察对象	
观察目的			
观察实录			
观察分析			
反思	投放材料		
	支持策略		

【例3分析】

这是课题"科学区活动材料投放及教师支持策略的研究"里使用的一个观察表，是为了更规范地观察幼儿在科学区对材料的使用而制作的。观察记录表包含了观察时间、观察对象、观察者等常规信息，同时也包括观察实录，能更好地记录教育现场的真实情况，以及观察分析、投放材料和支持策略的反思，这样一份完整的观察记录表对观察、记录和分析起到了重要的支持作用。

【例4】 "科学区活动材料投放及教师支持策略的研究"中的观察研究——橡皮泥的沉浮。

橡皮泥的沉浮

观察对象：大班科学区的幼儿元元、达达和灼灼

观察背景和观察目的：

在沉浮的主题活动中，孩子们对什么东西可以浮在水面上，什么东西是沉在水底的现象非常感兴趣。在区域活动中，他们喜欢寻找班里的各种材料进行尝试。在活动初期，孩子们认为金属制品都会沉到水底，但是在一次尝试中，他们发现装午餐的不锈钢盘子是可以浮在水面上的。孩子们又有了新的想法，怎么让沉下去的东西浮上来呢。

橡皮泥一放到水里就沉下去了，橡皮泥能不能浮起来呢？用什么办法可以让橡皮泥浮起来呢？这一问题激发了孩子们的好奇心。于是，孩子们在区域活动中尝试起来。

材料区投放的材料：

水盆、橡皮泥、圆柱形积木、泥工板和小桌布。

观察实录：

在区域活动中，元元、达达和灼灼选择了科学区，他们准备尝试让橡皮泥浮在水面上。他们看到老师也在科学区，就迫不及待地把自己想法告诉了老师。

达达：老师，我决定把橡皮泥变成盘子的形状。

元元：我要捏一个游泳圈。

老师假装疑惑：为什么要把橡皮泥变成盘子的形状和游泳圈呢？

达达：因为变成盘子状可以浮在水面上。

元元：因为游泳的时候就要带游泳圈，姥姥说用游泳圈浮着淹不着。

灼灼：树叶可以浮起来，我在森林公园见过，我要捏树叶。

老师肯定了孩子们的想法，并鼓励他们去尝试。于是3个小伙伴开始游戏。

达达用力地捏着橡皮泥，又用手在泥工板上使劲按，"我把它按扁了，怎么再变得薄一点呢?"灼灼拿起圆柱形积木说:"用这个用这个。"达达接过圆形积木先把橡皮泥擀成圆片状，然后慢慢地把橡皮泥的四周向上捏，他想把橡皮泥捏成盘子的形状。

灼灼将橡皮泥擀得很薄很薄，他看到达达在捏橡皮泥的四边，也把自己的橡皮泥捏成类似的样子，他原来想要捏一个叶子的造型，所以在橡皮泥上捏出了一个叶柄。灼灼把橡皮泥捏好后，小心翼翼地放在水面上。

灼灼:快看，浮起来了!

灼灼兴奋地喊起来，其他两个小朋友都放下自己手里的橡皮泥，跑了过来。可这时橡皮泥又沉了下去。

看到灼灼很沮丧的样子，老师介入说:"把它拿出来，重新放一次看看是哪里出了问题。"灼灼听完老师的话，马上把橡皮泥捞了出来，再一次轻轻地把捏好的橡皮泥放在了水里。老师和灼灼都盯着水里的橡皮泥，只见"叶片"上慢慢地渗出了水，橡皮泥也就渐渐地沉到了水底。

老师:找到哪里出现问题了吗?

灼灼:找到了，有漏水的地方，我再重新捏一个。

看到灼灼又重新燃起了"斗志"，老师马上对他进行鼓励。

这时元元的"游泳圈"捏好了，她马上把它放到水里。可是她一松开手橡皮泥马上沉到了水底。元元拿出橡皮泥看了半天，又再试了一次，这一次她没有直接放进去，而是轻轻地放在水面上，但是橡皮泥还是沉了下去。她把橡皮泥捞出来，改变橡皮泥的形状。

达达：老师你快看，我的浮起来了！我一次成功！老师：好厉害！真的浮起来了！你用了什么好办法呢？

达达：我把它捏成了盘子的样子，因为它有边，水进不去，所以就浮起来了。而且放的时候要轻轻地放，它就能浮在水面上了！

老师帮助孩子简要地总结：先把橡皮泥擀成片，再在薄片周围捏出边，边上不能有缝隙，否则会漏水，橡皮泥就会沉下去。

达达还要接续挑战！孩子有了一次成功的体验，探究的欲望就更加强烈了。

这时，灼灼的橡皮泥也成功地浮在水面上了，他很开心得叫达达欣赏他的"作品"。

两个孩子都很开心。这时，元元受到两个人的启发，将橡皮泥改变成了小船的形状，也成功将橡皮泥浮在了水面上。

同伴间的相互学习提高了幼儿的自信心，使他们体验到成功的喜悦。

教师趁机提问：想要成功地将橡皮泥浮起来了，就要把橡皮泥变成什么形状呢？

3位小朋友争先恐后说：擀成片，还要有边，不能让水渗进去！

灼灼接着说：不能有缝，有缝水也会进去的，就会沉下去了。

总结经验：

达达、灼灼和元元3位小朋友，分别向其他小朋友介绍了在科学区中进行的橡皮泥浮起来的科学小实验。实验中，他们根据已有的沉浮经验，将橡皮泥变成了他们认为可以浮在水面上的形状。在这一过程中也遇到了一些困难，比如橡皮泥没有捏好，有缝隙，导致水渗到了橡皮泥的上面，橡皮泥就会沉到水底；还有原来认为可以浮在水面上的形状，结果在实验中并不能浮起来。那他们又是怎么让橡皮泥成功浮起来的呢？原来橡皮泥要先擀成薄片状，再在薄片周边捏出边，边上还不能有缝隙。

观察评析：

在这一观察活动中教师结合幼儿的生活经验，并根据他们的兴趣来准备材料。《3～6岁儿童学习与发展指南》指出：科学教育应密切联系幼儿的实际生活进行，利用身边的事物与现象作为科学探索的对象。"沉浮"是与幼儿生活经验相联系的生活现象。

在幼儿自主探究的过程中，教师没有直接给幼儿任何提示，而是在一旁观察，让幼儿自己在探究中去发现实际的结果和自己最初的想法是矛盾的（如：生活中的游泳圈是可以浮在水面上的，但是橡皮泥捏的游泳圈为什么不能浮在水面上呢？小树叶形状的橡皮泥浮起来了，但为什么又慢慢地沉下去了呢？），并鼓励幼儿继续进行新的探索和尝试，形成新的认识。正如维果斯基提出的"最近发展区"，教师如果能较好地把握幼儿的最近发展区，为幼儿的科学学习搭起一个支架，把幼儿置于认知冲突情境中，使他们原有的错误概念受到挑战，就能有效地促使幼儿主动思考、反思，乃至改变自己的先前经验，从而促进幼儿的概念转变。

幼儿遇到困难有些气馁时，教师适时介入，"把它拿出来，重新放一次看看是哪里出了问题"。教师还通过提问帮助幼儿发现问题，树立继续探究的信心，提高了幼儿解决问题的能力和遇到困难不退缩的学习品质。

观察活动结束后，教师组织了集体交流分享，为幼儿表达能力的提升、对活动的反思能力的发展提供了机会。

教师在观察幼儿的基础上，在适当的时机采用了适宜的支持策略，对幼儿进行有目的、富于智慧的支持和引导。

【例4分析】

在观察前，研究者有明确的观察目标（幼儿怎样探究橡皮泥的浮沉），并提供了支持性的探索环境（丰富的材料、开放的探索氛围等等），为观察到幼儿的探索行为做了充分的准备。

在观察过程中，研究者采用了叙述性描述的观察记录法，详细记录下了幼儿探究橡皮泥浮沉的环境和具体行为（动作、对话等等）。

观察后，研究者结合《3～6岁儿童学习与发展指南》来分析幼儿的自主探究、教师提供的支持策略以及策略的作用和效果，思路清晰，有理有据，最核心的是解答了观察目的：幼儿怎样探究橡皮泥的浮沉。

可以看到，观察研究法始终与课题研究的目的相联系。该课题是研究"科学区活动材料投放及教师支持策略"，观察分析紧扣研究的重点之一"教师的支持策略"来进行。同理，在其他的课题研究或教育教学工作中，观察也是紧扣目的来开展，做充足的准备，结合理论或其他依据来分析。

其他观察记录的方法，例如事件抽样、时间抽样法等，详见《观察儿童——儿童行为观察记录指南（第二版）》。

观察研究法是从观察者的角度，通过看、听等感官收集环境场景中的行为信息，而调查研究法，则是从当事人的角度，通过回答问题来获得信息。

四、调查研究法

调查研究法是通过问卷或访谈获得信息的研究方法，包括问卷法和访谈法。与观察研究法相比较，调查研究法可以了解研究对象的态度情感、动机等心理内容，以及过去的行为。

（一）问卷法

问卷法是指研究者发放问卷或网页，设置了问题由研究对象来回答，以此来收集信息进而统计分析数据的方法。它可以同时进行大批量的测试，在短时间内收集大量信息，成本低且标准化。它常用于课题研究中的现状调查或者前后测对比教育实践的效果。问卷法要求研究对象有一定的识字量及文字理解能力，常用于教师而非幼儿。研究者通常要考虑通过书面问答的方式是否能获得研究所要的信息，如果能就可采用问卷的方式。

问卷的设计一般放在研究设计中进行（如果有现成合适的问卷也可直接采用），但之前的文献研究等工作环节为问卷设计奠定了基础，要将问卷设计放在课题研究的系统工作中去考虑。课题研究的步骤依次是：确定研究的选题、文献综述并提出研究问题、进行研究设计（包括确定研究目标、研究内容以及研究方法，形成研究计划）、实施研究计划、梳理研究成果、结题。研究的选题为研究确定了研究范围，研究目标与研究内容进一步细化了研究问题，问卷的设计是围绕研究问题的解决而展开的。文献综述为问卷设计提供了理论依据。

【例5】

研究选题："幼儿教师专业素养现状研究"

研究问题：

1. 幼儿教师专业素养的整体状况如何？

2. 不同性别、教龄、学历、幼儿园类型的幼儿教师专业素养是否有差异？

　　了解了不同研究方法的运用之后，判断这两个研究问题能通过问卷法解决。那么在问卷里要设计哪些问题才能收集到这两个研究问题的信息呢？直接问性别、教龄可以得到明确的答案。可是"教师专业素养"指什么？通过查阅文献了解到已有这个概念的定义，其中很重要的背景和依据是教育部 2012 年颁布的《幼儿园教师专业标准（试行）》（下文简称《专业标准》）。《专业标准》是国家对合格幼儿园教师专业素养的基本要求，可以成为幼儿教师专业素养的主要参考依据。根据《专业标准》，幼儿教师专业素养包含专业理念与师德、专业知识、专业能力这 3 个维度，每个维度包含 3～7 个不等的领域，每个领域中有若干个基本要求（详见《专业标准》）。编问卷时就可以考虑做到或没有做到这些要求的表现是什么，以这些表现作为问题，以达到这些表现的程度作为选择题的选项。如基本要求第十九项是"勤于学习，不断进取"，表现可以是"经常和同事讨论专业方面的问题""不断更新自己的专业知识和理念""经常翻阅与专业相关的书籍或杂志"等。把它编成单项选择题，教师根据自身符合该表现的程度是什么进行选择，例如：

　　1. 经常和同事讨论专业方面的问题。（　　　）

　　　　A. 非常不符合　　　　　B. 比较不符合　　　　　C. 不确定

　　　　D. 比较符合　　　　　　E. 非常符合

　　如果担心自己考虑得不全也可以通过访谈的方法，了解大家认可的表现有哪些。如果一个问题不能反映一条基本要求（如有的基本要求里包含多个方面），可以设置多个问题来反映一条要求。根据这种思路，仅仅"专业理念与师德"这一个维度就可以编出 20 多个问题，下面呈现的几个问题就是例子（单选题）：

　　1. 了解我国《幼儿园管理条例》《幼儿园教育指导纲要》《未成年人保护法》等学前教育相关的国家政策。

　　　　A. 非常不符合　　　　　B. 比较不符合　　　　　C. 不确定

　　　　D. 比较符合　　　　　　E. 非常符合

　　2. 时刻注意自己的言行，以做到为人师表。

　　　　A. 非常不符合　　　　　B. 比较不符合　　　　　C. 不确定

　　　　D. 比较符合　　　　　　E. 非常符合

3. 始终把保护幼儿生命安全放在第一位。

  A. 非常不符合   B. 比较不符合   C. 不确定

  D. 比较符合   E. 非常符合

4. 在工作压力较大的情况下也不会高声呵斥幼儿。

  A. 非常不符合   B. 比较不符合   C. 不确定

  D. 比较符合   E. 非常符合

  按照这个思路，幼儿教师专业素养方面的问题就编制出来了，所收集的信息经统计和分析可以回答研究问题1。而研究问题2涉及性别、教龄、学历、幼儿园类型，需要将其纳入问卷中，这些属于基本信息，一般作为问卷的第一部分。有的信息用于分类，例如性别分为男和女，进而可以对比男女幼儿教师在专业素养上有没有差别，若有差别，体现在哪些方面，这样研究问题2就解决了。性别的分类没有争议，教龄的分类则需要参考文献资料，将专业差异不大的不同教龄的教师分为一类，如教龄分为：3年以内、4～5年、6～10年、10年以上。综上，"幼儿教师专业素养调查问卷"就编制出来了，问卷分为两大部分，第一部分是幼儿教师的性别、教龄、学历、幼儿园类型，第二部分是幼儿教师专业素养。

  问卷里的问题常见的有填空题、选择题（单选或多选）、简答题这几种类型。填空题一般针对研究对象的基本信息，例如姓名、年龄、受教育程度、岗位等有固定明确答案的问题。选择题一般是研究者比较确定该问题有哪些可能的答案，研究对象根据自身情况选择即可，操作简单。选择题便于研究者统计分析出选填每个选项的人数和百分比。简答题通常是研究者不太确定该问题会有哪些答案，如回答的角度很多、不同的研究对象关注的点不同。简答题有利于研究者统计分析出答案有哪些方面以及对应的百分比。研究者可以根据题型的特点和功能来决定某个问题采用什么题型来进行。

  问卷的问题表述也十分重要，表述要让被调查者读懂且明白怎样进行回答，又要考虑到不涉及被调查者的一些隐私。硕士、博士论文的附件中通常有研究使用的问卷，可作参考。

  一般来说，一份完整的问卷通常包括标题、指导语、问题、选择的答案和结束语，每一部分都在问卷当中起着重要的作用。

（1）标题

标题通常来说是对调查内容的一个高度的概括。比如课题"幼儿生命教育规律与活动实践的研究"当中，为了更好地了解家长及教师对于幼儿园生命教育课程认知现状，分别编写了标题为"幼儿生命教育的调查问卷（教师）"和"幼儿生命教育的调查问卷（家长）"的问卷。

（2）指导语

导语部分主要是用来指导填写问卷时所注意的事项，以及希望通过这样的方式获得被调查者的理解，要简单明了、用词准确、便于理解。

【例6】"幼儿生命教育规律与活动实践的研究"中对家长的调查问卷。

亲爱的家长：

您好！

首先衷心感谢您在百忙中抽空完成此份调查问卷，为了更深入了解幼儿生命教育规律的相关内容，我们想对如下问题做一些了解，我们将进行不记名的问卷调查，该份问卷的答案不存在正误之分，仅用于客观的反映目前的情况，因此这份问卷不会对你有任何不良影响，但为了调查的真实可靠，恳请您予以真实回答。真诚地感谢您的合作！

（3）问题与选择的答案

在问题的设计部分通常是比较核心的内容，在问答方面要具体、清楚、通俗易懂，而且是被调查对象熟知的通性问题。问题有开放和封闭两种形式。开放式只提问题不提供答案，被调查者可以进行自由作答；封闭是指不仅要提出问题，还要给出相应的答案选项。

1. 选择式问题

例如：您平时通过哪些渠道来了解幼儿生命教育的信息？（　　　）

　　A. 阅读相关书籍　　　　B. 浏览网页信息

　　C. 利用电视的相关信息　　D. 幼儿园普及

2. 否定式问题

例如：看到老师做事情时，愿意凑过去看，是否是幼儿好奇心的表现。（　　）

　　A. 是　　　　　　　　　　　B. 否

您接受过生命教育方面的培训吗？（　　）

　　A. 接受过　　　　　　　　　B. 没接受过

3. 等级式问题

例如：您了解生命教育吗？（　　）

　　A. 很了解　　　　　　B. 部分了解　　　　　　C. 不了解

4. 半开放半封闭式问题

例如：您怎么理解生命教育？（　　）

　　A. 死亡教育　　　　　　B. 生命的教育　　　　　　C. 心理教育

　　D. 道德教育　　　　　　E. 健康教育　　　　　　F. 社会教育

　　G. 其他

5. 开放式问题

例如：您对幼儿园实施生命教育有哪些建议？

（4）结束语

结束语是问卷的最后一部分，一般是请被调查者提出意见，再加上表示感谢的语句。

问卷设计完成后可以先试调查，回收问卷来分析是否达到预期效果。如果存在问题，分析原因进行调整，然后再进行正式的施测。如果在文献综述阶段发现已有成熟的问卷，在获得作者同意的情况下可以采用现成的问卷。

问卷回收之后，要进行数据的统计和分析。常用的统计方法是计算百分比，用图表来呈现，简答题通常需要对答案进行分类和百分比的计算。通过这些统计以及针对性地分析和讨论，问卷的信息就与课题的研究问题有效地联系起来。

（二）访谈法

访谈法是根据研究目的，选取有代表性的访谈对象，制定有针对性的访谈提纲，围绕提纲通过谈话的方式获得信息的研究方法。访谈法可以对受访者进行交流和追问，具有一定的灵活性，能得到更多、更深入的信息，包括非言语信息。相比之下问卷法得到的信息量大，但较浅层，访谈法得到的信息样本量不大，但针对性较强、较深入。虽然访谈法可以根据情况追问，但它也不是漫无边际地谈，而是围绕访谈提纲来进行的。另一方面，访谈的工作量比较大，访谈时要与受访者进行交流并且记录信息（获得同意可录音或录像），访谈结束后要整理有效信息（录音或录像要转录成文字），进行分析。单人访谈一次只访谈一人，团体访谈通常在 10 人以内。访谈法可以达到一定深度但效率不高。如果问卷法就可以获得足够的信息就不采用访谈法。

访谈提纲是访谈的问题集合，保证了访谈不同的人都是围绕相同的问题进行的。只是在问题的顺序或深入程度可以根据现场情况灵活调整。访谈提纲的问题拟定也是要考虑该问题的答案在课题研究中是否有用，若有用具体起什么作用，如何提问更有效等。以下以一个实例来说明。

【例 7】"促进幼儿好奇心发展的教育实践研究"中的访谈提纲。

亲爱的老师：

您好！

我园正在开展课题"促进幼儿好奇心发展的教育实践研究"，在开展的过程中遇到一些困惑，希望通过对您的访谈来解答这些问题。此次访谈需要做信息整理，所以需要录音做进一步整理，谢谢您的理解和支持！在信息呈现的时候不记名、不涉及个人信息，请您放心！

1. 您尝试过因好奇去探究一个事物吗？有的话请陈述情况。

2. 幼儿好奇的表现有哪些？（尽可能多）

3. 幼儿的好奇心对教育教学的作用或影响是什么？

4. 影响幼儿好奇心的因素有哪些？

5. 如何引发幼儿的好奇心？

6. 如何面对幼儿的好奇心？

谢谢您的回答！

【例 7 分析】

本课题的访谈提纲根据研究的目的和理论假设，设计和准备了访谈提纲，访谈的问题涵盖研究主题所涉及的范围，选择问题的范围和被采访者的水平相当，简单明了，通俗易懂。在进行访谈之前进行简单的介绍，说明了来访的目的以及研究的目的，进而强调了本研究的重要性，并请求访谈者的支持与合作，消除了被访者的顾虑，建立起了融洽的谈话氛围。在访谈结束时，对被访者的支持与合作表示了感谢。

在制定访谈提纲的时候，注意访谈问题要具有层次性，在提问方式、用词选择以及范围的选择时都应进行审慎的思考，以达到最终的研究目的。访谈提纲是我们进行访谈的一个支架，但是在访谈的现场会出现很多的情况，需要访谈者随机应变，进行适宜的追问以及深入的思考交流，这也是访谈法较问卷法的优势所在，可以根据当下的语言环境进行更深入挖掘和交流。

访谈之后，研究者对访谈记录（笔记、录音或录像等记录，均要获得研究对象的同意）进行整理和分析，提取有效信息，之后对有效信息进行归类、分析等等。

五、经验总结法

经验总结法是教师从教育教学实践中筛选、分析、论证、概括为一般理论的过程。它包括经验的积累和分析总结两个阶段，有助于教师反思和提升经验，指导教师的实践。这种方法对教师很实用，是一个反思和促进自身专业成长的途径。教师们每天都有教育经历，经常写观察记录和教育随笔，这些工作都能促进经验总结。

【例8】论文《如何通过投放材料支持幼儿在科学区大胆自主探究分析》中的总结。

（一）针对大班能通过观察比较和分析发现某个事物前后变化的特点，投放有明显变化现象的材料

科学材料及其所呈现的现象，将影响幼儿的兴趣探究和行为。

在投放材料之前作为教师需要想，这个材料投放到区域中孩子们会如何进行自主探究，探究结束以后他能学到什么，希望他能从中获得什么样的科

学知识呢？例如，在"纸桥载物"材料中，在桥墩固定的条件下，通过改变纸桥的形状提高承载积木的数量。在材料数量的不断增加中，幼儿通过不断地探索、观察、比较、分析后发现折的楞越多载物的数量越多。通过丰富的材料和较强的挑战性游戏，孩子们的兴趣才会越来越强烈，才会一次又一次地去操作、尝试，最终通过自主探究找到了答案。这样投放的材料才有意义，有一定的教育目的，不是盲目地投放，做到真正有益于孩子，让他们在操作中提高兴趣获得科学知识。

（二）针对幼儿喜欢亲近大自然的特点，注重材料的生活性

在历次的教研学习中，包括专家多次提到孩子的学习和发现一定是来源于生活，所以我们的研究和投放的材料也一定要贴近生活。幼儿新经验的获得是建立在已有经验的基础上，在一定生活经验的基础上探索和在生活中持续探索将有助于幼儿经验的建构，所以科学区活动要有生活性。

例如，在"油水分离中"活动中，小朋友们用水、油和洗涤剂 3 种物质分别测试，发现水和油在瓶子中呈现分离的状态，与洗涤剂可以融合在一起。还有一次孩子们在上厕所时发现了彩虹，我们就组织开展了找彩虹的活动，使幼儿的探索更自由，更有趣味性。为了方便孩子们的探究，我们在科学区中提供了放大镜、三棱镜，这些材料都是幼儿生活中熟悉的，他们倍感亲切，都愿意大胆操作他们在对这些熟悉的物品进行操作时，变化出了更有趣的现象，进而激发了更强的探究兴趣。同时材料来源于生活，在家中也能找到，可以和爸爸妈妈一起做实验。促使幼儿在原有认识和新问题冲突中构建新的经验。

【例 8 分析】

研究者在自己真实的教学经验基础上进行总结，总结具有一定指导性和有效性，与教育教学的理念、理论相联系。总结体现了用真实的教育经验来说明提炼出来的经验要点，用教育教学的理念和理论以及实践中的效果来论证。

六、个案研究法

个案研究法是研究对象为一个或少数几个的研究，通过深入分析少数研究对象或案例，分析问题的症结，总结特点、规律或提出建议。个案研究可以是对一名

或几名幼儿的问题行为进行矫正，也可以对一个问题或一种现象进行研究，例如分离焦虑、如何引发幼儿参加集体活动的兴趣等等。研究结果能够深入、全面地反映个案的情况，但与此同时研究结果的代表性和普遍性就受到了限制。

个案研究法和行动法一样，也是一种研究策略，不是某种独立的研究方法。从字面看不出它具体采用什么方法来收获信息，它可以通过观察、访谈、测试、文本分析法等方法来收集信息。个案研究通常在自然发生的过程中收集信息，收集到的很多是质性描述，也可以有量化数据，研究对象数量少于统计方法所需数量。

个案分析法可分为两类：一类是针对特殊个案进行研究，研究是出于对个案的特性感兴趣，想深入地认识这个特殊的个案，例如对有多动症状表现的儿童的个案研究；另一类是工具性个案研究，旨在通过研究某一个特定对象去了解某一研究问题或疑难。下面的例9属于特殊个案研究；例10属于工具性个案研究。这两个例子呈现了个案研究法的使用过程：研究设计、研究对象的选取、信息搜集的方法、信息分析的方法、结论。

【例9】论文《幼儿社交退缩行为的个案研究》中个案研究法的作用。

该研究通过文献法、问卷法（教师填写）、观察法、访谈法（访谈教师及同伴）、同伴提名法（调查幼儿在本班的受欢迎程度）、文本分析法（幼儿的绘画、手工作品、成长档案、辅导记录等），对贵阳市某幼儿园大班中一名典型社交退缩幼儿的一日生活社交现状进行研究，找出幼儿与教师、同伴之间互动场景的典型案例并进行全面、客观的描述。探究个案在园一日生活的全貌，分析其社交退缩背后的原因。初步对改善社交退缩幼儿的行为提出建议和反思。

【例10】论文《"二孩"家长育儿观念的个案研究》中个案研究法的应用。

为了了解"二孩"家长的育儿观念，提出合理的教育指导建议，该研究通过目的性取样（按照研究的目的抽取能够为研究问题提供最大信息量的研究对象）和方便性取样（研究对象可接近、容易获得信息资料），选取5组

"二孩"家庭的家长作为个案研究对象。这5组家长性格和育儿观念都不相同。以访谈法、观察法以及实物收集法获取"二孩"家长育儿观念的相关资料，通过家长在儿童观、教育观、父母观和成才观上的不同表现的描述和分析，了解家长育儿观念的全貌，并探寻影响"二孩"家长育儿观念开展过程中的因素。研究发现，"二孩"家长学会慢下来欣赏孩子的成长过程；认为家庭与幼儿园共育和早期陪伴在学前教育中不可缺少；给予幼儿自由和平等的观念逐渐普及；家长的期望由"功利"向"淡泊"转化。"二孩"家长的育儿观念主要受原生家庭教养方式，两个孩子年龄间隔、出生顺序以及性别差异，第二个孩子的出生导致家长育儿心态发生变化，家长育儿观念自我反思的影响，而传统观念和文化习俗对家长育儿观念潜移默化的影响。建议社会、幼儿园、教师为家长提供教育知识方面的支持；家长改善自身育儿观念，形成科学的四观；祖辈提升自身育儿知识，父母与祖辈多沟通，形成统一的育儿观念，互帮互助进行和谐育儿。

七、教育实验研究法

教育实验研究法是在教育环境中实施实验研究。实验是什么呢？例如，在自然角中，一盆蒜放在阳光充足的地方，另一盆放在暗箱中，除此之外，其他条件都相同（土壤、浇水时间、浇水量等等）。一段时间后，对比两盆蒜生长的情况，得出，在阳光充足的条件下，蒜生长得更快更茂盛。在实验中，相关条件控制得越精准，结论越有说服力。假如在上面的例子中，除了阳光的量不同外，种植的土壤也不同（一盆土壤肥沃，而另一盆土壤贫瘠），那么在结论面前就会有疑问：这两盆蒜生长得不一样，也有可能是种植的土壤不同引起的。可见条件控制的重要性。但在教育研究中，研究对象是人，如果为了研究某种教学方法是否有效，在一个班中实施这种方法，而另一班不开展教育教学活动，以达到对比出效果的目的，那么这个实验过程就牺牲了另一个班幼儿可以更好发展的机会，这是不符合教育和研究伦理的，所以在教育环境中所做的实验研究要多方面权衡，通常不进行严格的实验设置，开展准实验研究。

教育实验研究法的步骤包括文献综述、研究设计、实验过程、实验结果、对结果的讨论。

【例11】论文《主题教学模式下中班幼儿情绪教育初探》。

研究者用自己设计的情绪教育方案，结合观察法和访谈法，对中班幼儿情绪教育的效果进行"实验组、对照组前后测"的准实验研究。研究者所带的班级是实验组，用情绪教育方案来开展活动；另一个平行班为对照组，用日常常用的方式来开展活动。通过访谈家长，用《学前儿童情绪调节策略调查问卷》来测试幼儿来收集活动开展前、后幼儿情绪调节能力的数据。用统计方法来比较活动前后两组幼儿在情绪调节能力上的差异，得出结论：情绪教育方案有效地改善了幼儿情绪调节策略的使用，增加了幼儿对积极情绪调节策略的使用，减少了消极情绪调节策略的使用。

【例11分析】

教育实验研究的一般步骤包括：对已有研究进行文献综述、提出研究的问题和假设、用实验的方法收集数据、分析数据、验证或推翻假设得出结论。研究报告的书写即呈现这些步骤。

1. 文献综述，提出问题

文献综述包括对关键词的定义，与研究相关的已有研究成果概述，已有研究的贡献及不足，提出本研究进行研究的问题。例子中的关键词有：情绪、情绪调节能力、主题教学。针对这些关键词进行文献信息的梳理，提出的问题是主题教学式的情绪教学对幼儿的情绪管理是否有效？有哪些效果？

2. 研究设计

（1）研究对象

说明研究对象的人数、年龄、男女比例等基本信息，根据研究的需要，有的研究还需说明经济条件、智力水平等。提供哪些信息，根据这些信息是否影响研究而定。例子中的研究对象为中班的一个实验班及一个平行班。这两个班人数相当，除了情绪教育方案不同外（实验班开展这方面的教学活动，平行班不开展），其余的活动及一日流程几乎相同。这样的说明将这两个班的异同交代清楚，使最后结果的得出更有说服力：两个班在情绪调节上的不同与情绪教育方案的实施有关。

（2）研究工具

研究工具是在采集实验数据的过程中需要用到的工具或材料。例子中，需要用到的是主题教育式的情绪教育方案、《学前儿童情绪调节策略调查问卷》、家长访谈的提纲。对这些相关工具进行说明，一方面能使读者能够判断研究工具的科学程度，另一方面读者可以重复或借鉴研究者的实验过程。

（3）研究设计

研究设计就是实验设计，即通过什么样的设置得出结论。这个例子是通过实验组和对照组对比得出结论。除了这种方法还有别的许多方法，例如组内设计，同一组人，跳 50 次跳绳和跳 50 次一米远（顺序是一半的人先跳绳另一半人先跳远，跳绳和跳远之间等心跳平复到正常水平才开始），测量人的心跳平均值来看哪个运动的运动量大。例子中关注的影响因素只有一个（主题式的情绪教育方案），有的研究者在一个实验中关注多个影响因素。

研究设计关系到数据分析所采用的统计方法，例子里采用的是方差分析的方法（有关统计方面的知识可阅读心理与教育统计学的书籍）。所以在实验实施之前就要梳理清晰研究设计、数据的统计方法，否则后期会很乱，甚至发现实验设计得不对，得不出结论。

3. 实验过程

实验过程是向读者呈现实验的经过，读者可以思考、借鉴或重复。例子中（见附录 5），研究者将过程分为区域活动、讨论活动、分组活动、集体活动、家长访谈来呈现，从中教师可以知道活动的成分及内容。

4. 研究结果

研究结果显示分析数据所用的统计方法和统计结果。统计结果用图表来表现，用文字来说明。例子中（见附录 5）用了方差分析，得出实验组与对照组在情绪管理的不同维度上是否有统计学上的差异。

5. 讨论

讨论是针对统计分析的结果，结合已有研究的成果或相关理论来讨论结果的可信度、原因、实践意义等。例子中（见附录5）讨论了主题活动式情绪教育方案在幼儿一日生活中所起的作用以及研究的不足之处。

以上介绍了幼儿园开展课题研究常用的7种具体研究方法，以下通过表格呈现这些研究方法的优势和局限性，幼儿园可以根据研究目的选择适宜的研究方法。

研究方法优劣对比表

方法名称		适用范围	优势	局限性
一、行动研究		研究和解决教育实践问题	教师在工作的同时可以进行研究。不仅研究出教育措施，而且在实践中检验了教育措施的有效性	研究过程受研究者自身知识技能的影响，研究方法通常缺乏系统性，研究结果受具体情景的限制
二、文献研究法		梳理已有研究的成果，包括教育策略、研究工具、研究方法等	理论性强；了解研究现状、运用已有研究成果	缺少实践的检验；只是研究的基础，要在此基础上运用其他研究方法才能有研究突破
三、观察研究法		分析出行为特征或规律，了解教育现象、问题以及变化	不依赖于语言和文字理解能力，可以直接观察行为得到信息，特别适用于幼儿	局限于观察到外显行为，对于心理活动是推测
四、调查研究法	问卷法	收集研究对象的基本信息、调查不同答案选项的百分比、获得开放式问题浅层的答案。可用于现状调查、某项教育措施的前后测等	可以在短时间内大批量施测，收集大量信息；信息分析比较方便简单	不便于追问，获取的信息相对固定。对于没有一定文字理解能力的人不便于施测，例如幼儿
	访谈法	对问题尚未有初步的了解或想得到较深入的回答。可用于现状调查、问卷制定等	可以深入地了解信息，也可以获得非语言信息	访谈后的信息处理用时较长。不便于同时大量地访谈，一对一大量地访谈因用时长也不好实现

（续）

方法名称	适用范围	优势	局限性
五、经验总结法	利用实践经验来形成理论	可以充分地利用教育实践来进行反思和总结	比较局限于个人的知识累积，反思总结出来的教育理论的普适性受到限制
六、个案研究法	对某类特定的人群进行研究，例如特级教师、有多动症症状的幼儿等	可以对典型性案例进行深入的研究，得到丰富的信息，构建理论或假设	个案数量不多，缺乏广泛的代表性
七、教育实验研究法	教育环境下的实验研究或准实验研究	对研究条件进行了控制，具备科学性	（1）在教育实践中要遵守研究伦理，无法做严格的控制。 （2）教育领域中的许多现象和问题往往都包含许多变量和复杂的相互关系，且处于一定的教育情景下，仅用实验法不一定能够解决问题，必须与其他研究方法相结合才能揭示教育发展规律。 （3）实验样本量较小，其结论推广到其他群体缺乏可信度

第五节　课题阶段性成果梳理

幼儿园在课题研究中会运用到多种研究方法，以便在研究过程中能够得出不同类型的阶段性研究成果。课题阶段性成果的梳理非常重要，它是对课题研究工作系统总结的过程，梳理过程中要对大量的经验性材料进行归纳、提炼、概括，形成不同形式的成果。梳理总结的过程有助于提高研究者的逻辑思维能力、分析综合能力、文字表达能力，提高研究者的教育科研水平。

一、阶段性成果的类型及其撰写

课题研究阶段性成果的类型多元，可以是教育案例、学术论文、教育调查报告、教育经验总结，也可以是教育反思、著作、手册，还可以是幼儿的作品等等。不同类型的阶段性成果，有不同的表述要求，其撰写和梳理的方法也是有章可循的。结合具体的案例做以下介绍。

1. 教育案例

教育案例是用叙事的方法写出来的真实生动的、充满教育意义的教学情境故事。教师在幼儿园日常教育教学过程中，对真实发生的、具有典型性的、有意义的教学事例和方法进行记叙，并对该个案记录剖析、反思、总结。教育案例既有具体生动的情节，又要从教育理论、教学方法、教学艺术的高度进行归纳、总结，给人以启迪。

教育案例作为课题研究的一种阶段性成果，不但能够帮助教师记录自己教育教学经历同时还能不断反思，并深刻认识到教育教学工作的重点、难点，而且能够真实体现教师在课题研究中专业成长的过程。作为阶段性成果，教育案例非常适合幼儿园一线教师，因为他们的素材来源非常丰富。

教育案例的表述主要包含以下 4 个元素：标题、案例背景、案例事件和过程、对事件的反思或评析。

（1）标题

反映事件的主题或突出案例中的典型情境。

（2）案例背景

简要介绍案例中的事件发生的时间、地点、人物、起因等等。

（3）案例事件和过程

对事件的发生、发展以至结局有较为完整的描述，写清楚关键性细节，事件要有完整的情节。

（4）反思或评析

对自己解决问题的过程进行分析，梳理自己的相关经验与教训，如问题解决中有哪些利弊得失，问题解决中还存在哪些问题，有哪些体会和收获等等。

撰写教育案例时要善于捕捉教学过程中的"亮点"，选择有典型性、代表性或普遍性的问题进行深入剖析，这些典型的问题对于他人的教育实践有着指导意义。将问题解决的过程展现出来，包括问题解决中出现的反复、挫折和最终取得的成效，这样能够体现教师在课题研究中专业成长的过程，也可以为读者提供可借鉴的经验。

【例1】课题"幼儿数学操作性学习过程及支持策略研究"中阶段性成果——区域活动的教育案例《图形猜猜猜》。

《图形猜猜猜》

中国科学院第四幼儿园　张艳华

观察时间：2018年6月5日　　观察地点：中一班数学区

观察对象：洋洋（化名）

一、幼儿的基本情况（案例背景）

洋洋，男孩，5岁半，中班孩子。洋洋对数学区的材料很感兴趣，经常在数学区玩。但他在游戏时，大部分时间是在进行独立游戏或者旁观，与同伴交流很少，同伴和他说话也很少得到他的回应。

洋洋与同伴交往的意愿以及交往的技能引起了我的关注，如何支持他在数学学习方面的发展，引导他逐渐融入集体一直是我关注的问题。于是，我选择在数学区观察洋洋与同伴的互动情况，同时也关注他在数学认知方面的发展。

二、观察过程

有一天，在区域活动中，洋洋选择了数学区中的木牌玩具，通常幼儿用这个玩具玩排序，但洋洋创新了玩法，变成猜图形的游戏。只见洋洋一边说出木牌上面的图形（"这个是菱形""这个是圆形""这个是正方形，不是菱形""这是三角形"），一边将说过的木牌玩具一一的翻过来盖好（将带有图形的一面倒扣在桌面上）。每行摆放 3 个，摆了 5 行，一切准备就绪后，洋洋邀请乐乐一起玩。乐乐走到玩具前看了看，翻开了第二行的第一个，洋洋说："不行，不行！先从第一个开始，从左边到右边，从上边到下边。"（洋洋与乐乐是面对面玩游戏，洋洋按照自身的方向说明游戏的顺序）乐乐按照洋洋的规则玩了一轮后就离开了。

洋洋重新布局。当我经过数学区时，他问："张老师，你能猜得出它们吗？"我好奇地问："这个怎么玩呢？"洋洋很开心地说："这个是排序的玩具，你快看，每行都有 3 个，一共是 5 行。"我随意翻了一个木牌玩具，但洋洋立刻阻止了我："不行，不行！你先从第一个开始，从左边到右边，从上边到下边。"当我准备猜的时候，洋洋又重申了一下规则："从左边到右边，还可以从上边到下边。"第一个玩具我猜的是三角形，洋洋揭开后笑了笑说："你这都猜不出来，是红色的菱形！下一个。"当我猜对的时候，洋洋便像在操作计数器，并说："咔嚓咔嚓，得了 24 分。"在之后的过程中，每当我猜对一次他就累加一次，一共累加了 4 次："咔嚓咔嚓，得了 48 分。""咔嚓咔嚓，得了 56 分。""咔嚓咔嚓，得了 72 分。""咔嚓咔嚓，得了 100 分。"当我猜错的时候，他会很惋惜地说："哎，又猜错了！"还会安慰我说："没关系，还有下一次机会呢！"我们一共玩了 3 轮，洋洋依然乐此不疲。

三、观察后的分析

1. 幼儿的社会性发展

洋洋的游戏水平较之前有所提高，既能自己设定清晰的规则，又能遵守游戏规则；由被动的邀请转变为主动邀请同伴参与游戏；能够投入到游戏中，参与游戏的时间是整个活动区的时间，与之前相比活动时间更长。他的发展水平怎么样呢？参照霍力岩编写的《学前儿童观察评价系统》"社会性与情感发展"方面的内容分析，洋洋处于"与成人建立关系"的水平："幼儿请某位成人和他一起玩或者分享某事"，例如，洋洋看见老师经过对老师说："张老师，你能猜得出它们吗？"洋洋根据自己的需求主动寻找老师作为游戏的参与者，而同班的大部分幼儿达到："幼儿和成人的交谈持续两个回合或更长时间"水平。"与其他幼儿建立关系"方面，他到达："幼儿直接与另一名幼儿对话"水平，例如，洋洋突然走到乐乐的面前，指着自己摆放的玩具说："你能猜的出它们都是什么图形吗？""我都把它们摆好了，你能猜出来吗？"洋洋有目的地寻找同伴，并表达自己的愿望。而同班的大部分幼儿达到："幼儿通过提出想法或整合其他幼儿的想法与两名或更多幼儿进行合作游戏"水平。老师在一段时间内适当地做他的玩伴，并倡导他的家人也这样做，促进他的社会性发展，慢慢发展到以同龄人为玩伴。

2. 幼儿的认知发展

从游戏中看出，洋洋对排序的理解是排列整齐，从数量上看，他的排序是最简单的单个重复出现，每行3个，一共5行，需要在更多的操作体验中发展深层的排序。

他对数的概念、对数量关系的理解达到数列的水平。当老师答对时，他给老师加分，每次加了之后的分数都比之前大，说明他有数的大小概念；另一方面，这个得分并非是得分累计相加的确切数量，只是一个概数，说明他所说出来的数字只表达大小或者"许多"，并不表示准确的数量。幼儿早期数感能力处于快速发展时期，对于大数量物体的感知还不成熟，幼儿只是用数字表示"许多"的概念，而不是精确的累加得分。但在这样的游戏中，可以提升洋洋对于数概念的理解，使他更好地理解较大的数量。

他能用"上下""左右"这样的方位词描述物体的位置。《3~6岁儿童学习与发展指南》中数学认知的"感知形状与空间关系"，4~5岁的目标中指出：能使用上下、前后、里外、中间、旁边等方位词描述物体的位置和运动方向。在观察中洋洋说："不行，不行！你先从第一个开始，从左边到右边，从上边到下边。"从他设定的游戏规则中可以看出洋洋是以自我为中心设定游戏的方向和木牌的位置，并对物体的位置描述得很清晰，说明洋洋在这方面达到了4～5岁儿童的水平，并能辨别自己的左右。

洋洋能正确地感知几何图形的基本特征。《3～6岁儿童学习与发展指南》中数学认知的"感知形状与空间关系"4～5岁的目标中指出：能感知和发现常见几何图形的基本特征，并能进行分类。洋洋根据木牌上的图形，能够很清楚地说出图形的名称，并且能区分相似的形状，例如菱形和正方形，"这个是正方形，不是菱形"。

3. 教师的介入

教师如何介入到幼儿的游戏中呢？游戏是洋洋自主组织的，在游戏初，洋洋主动寻找同伴进行游戏，在一轮游戏后洋洋继续寻找第二个参与者与之共同游戏。在这里教师追随洋洋的兴趣进行游戏。在整个游戏中洋洋不仅能主动邀请同伴参与游戏，还能在游戏中对数的概念和数量关系有所了解，提升了数学认知水平和游戏水平。在刘焱编著的《儿童游戏通论》中，关于游戏的干预策略和辩证法中提到：游戏干预是指成人通过直接介入幼儿的游戏，从而对幼儿的游戏施加影响的行为，对待游戏干预的态度和做法，大致可以分为非干预型和干预型。在干预型中，又可以根据干预的积极性程度和介入的深度，分为追随兴趣型、诊断"缺失"型、积极引导型3种不同的做法。在这个游戏过程中，老师采用的是干预型中的追随兴趣型。

在幼儿的游戏中教师应不应该介入，介入后的效果怎么样呢？这是存于老师心中已久的困惑。在幼儿的游戏中我也试过很多种不干预的方法，但经过观察幼儿、分析幼儿的状况后，我发现适时的干预才会更加有效，因此，教师要"先观察、后分析、再引导"，尊重幼儿游戏的同时分析幼儿的游戏状况，了解幼儿的需求后再干预幼儿的游戏。通过观察，我了解到洋洋主动邀请老师参加是因为他需要玩伴的，而洋洋的社会性发展水平又稍弱于同龄人，在这个以洋洋为中心的游戏里，同伴容易感到无趣，老师的介入可以弥补这一不足，并强化了洋洋的主动性。

在例1这篇教育案例中，教师对洋洋在数学区活动中的游戏行为和同伴交往情况进行了全面细致的观察，对照教育理论对幼儿的社会性发展和认知发展进行了较为客观准确的分析，对自己的介入是否适宜、介入的方式、介入后的效果进行了反思分析，为其他老师如何观察分析幼儿、如何支持幼儿的发展提供了可借鉴的经验。经过长期的观察分析和对自身支持策略反思，教师能够了解到幼儿在数学学习不同内容上循序渐进地变化，也能了解到支持策略的有效性。该教育案例很好地呼应了课题研究的目标："研究出幼儿数学不同内容的操作性学习进程及支持策略；提高教师读懂幼儿数学发展的表现和评估其发展水平的能力，从而为幼儿数学操作性学习提供适宜的支持"。

2. 学术论文

学术论文是课题研究的重要阶段性成果，是幼儿园教师常用的表达自身研究成果的有效方式。学术论文是一种理论性文章，对教育问题、教育现象进行较系统的探讨和研究，作者以教育理论为指导，根据自身的研究与实践，提出新的观点、得出新的结论，或者从新的角度对幼儿园的教育教学作出新的解释和论证。学术论文具有科学性、创新性的特点。

学术论文一般由题目、摘要、关键词、引论、本论、结论和参考文献7个部分组成。

题目：是论文内容的提炼概括，读者一看题目就知道论文研究的内容。比如，《大班科学区教师支持策略的研究》这一题目就比较精炼，研究的问题明确。

摘要：是对文章内容的高度概括，提取论文的主要信息，体现了作者的观点、研究的对象、方向、方法以及研究结果等等。好的摘要便于索引与查找，易于收录到大型资料库中，并为他人提供信息，因此摘要在资料交流方面承担着至关重要的作用。一般200～300字。

关键词：反映论文主题概念的词或词组，在论文中反复多次出现，其作用是强调、点明文章的主旨。每篇论文一般选3～8个关键词。关键词一般写在摘要的下面。

引论：即论文的引子，引论也叫"绪论"。用于说明研究的目的、研究的重要性和必要性、研究的意义、前人的研究成果和需要进一步研究的问题等等。

本论：对研究内容进行全面的阐述和论证，这一部分要占全文的2/3。本论写作的基本要素是论点、论据、论证。论点是作者所要表达的观点，可以从大量的教育教学实践中提炼总结出来。论据是证明论点的材料，有理论材料和事实材料。论证是用论据证明论点的过程和方法，使论点和论据有机地联系起来，可以用实践的结果来论证，也可以用理论和逻辑来推理。写作时要做到论点明确具体，论据丰富充足，论证符合逻辑。

结论：结论是在对全部研究内容进行分析、综合、抽象、概括的基础上进行的总结，是论题被充分证明后得出的结果，是针对研究问题作出的答案。结论的写作要求内容简洁，措辞严谨。有的论文还要在结论部分进行讨论，即从理论上对研究结果的意义进行分析和评论，对研究结果做进一步的分析，指出研究结果的局限性和存在的问题。

参考文献：主要信息包含资料的名称、作者姓名、出版者、出版年等。参考文献有不同的类型，分别用不同的字母来表示，如：普通图书［M］，会议录［C］，报纸［N］，期刊［J］，学位论文［D］。关于书写格式，不同的课题管理部门可能要求有所不同，若没有明确规定可以参照核心期刊的写法。其中专著和期刊文章是常用的文献，书写格式如下：

专著：［序号］主要责任者．文献题名［文献类型标识］．出版地：出版者，出版年：起止页码（可选）．例如：［1］薛烨，朱家雄．生态学视野下的学前教育［M］．上海：华东师范大学出版社，2007：200-201.

期刊文章：［序号］主要责任者．文献题名［J］．刊名，年，卷（期）：起止页码．例如：［1］杨伟鹏．生态学视野下的幼儿园环境创设［J］．幼儿教育（教育科学），2013（4）：12-16.

一篇完整的学术论文的标准格式如下：

×××××××××××××（论文题目）

×××（作者及单位）

［摘要］×××××××××××××

［关键词］×× ×××× ××××

［引论］××××××××××××××××××××××××××××××

［本论］××××××××××××××××××××××××××××
［结论］××××××××××××××××××××××××××××
［参考文献］

撰写一篇学术论文的基本步骤：

①确定题目。结合课题研究的内容，同时考虑读者的阅读兴趣、理解接受水平来确定题目。

②设计论文总体方案。作者需要思考以下问题：我想研究什么问题？我为什么要研究这些问题？我认为应当怎样去研究（解决）这个问题？采用哪些分析手段和工具？这个问题解决得怎么样？研究结果有什么新意？存在哪些局限性？研究在理论和实践方面有何价值、有何意义？

③收集资料。通过查阅整理文献可以获得最新的、有价值的学术动态信息，为写作提供参考。

④拟定写作提纲。在确定写作的主题后，要考虑写作的基本思路，拟定写作提纲，构建论文框架，考虑如何组织论文的素材。

⑤撰写初稿。在写作时，要记着论文的主题，按照提纲来写就不会出现跑题的情况，所写的内容之间要有逻辑联系。

⑥定稿。初稿完成后可以全文朗读一遍，也可以间隔几天再重读，能从原来的思维中跳出来，从客观的角度来审视初稿。还可以请专家、同事来审阅，请他们对论文的内容、结构、文字表述等方面提出意见和建议。

学术论文实例可参见附录4《生态学视野下幼儿园科学特色教育环境的创设》。该论文是中国科学院学前教育联盟课题"构建幼儿园生态式科学教育特色"的阶段性成果，课题的研究目标之一是创设生态式科学教育环境。该论文以生态学理论为理论依据，分析总结了中国科学院幼儿园如何从微观系统、中间系统、外系统和宏观系统等方面创设科学特色教育环境。

3. 教育调查报告

教育调查报告是对教育现象中的客观事物或问题进行深入细致地调查研究之后，将获得的成果写成书面报告，是教育调查研究成果的概括和总结。

调查报告的结构包含以下5个部分：

（1）题目简明扼要地反映所调查的主要问题，比如《关于幼儿生命教育现状的调查研究》。题目较长时，可以采用正、副标题的形式，用副标题来说明主标题未能包含的信息，如调查的范围、背景。

（2）前言对调查进行简要说明，即对调查的目的、意义、范围、对象、方法和过程做简要的介绍。

（3）正文通过叙述、调查图表、统计数字及有关文献资料，把调查的主题内容有条有理地呈现出来。注意材料、观点、分析和讨论的逻辑关系。

（4）结论和建议是对全文的总结。在概括出事物的内在联系和规律的基础上，还应提出解决问题的方法和建议等。

（5）附录。具体内容包括多种调查表格、原始数据、调查结果的处理方法等。

写调查报告时要注意，须做到真实客观。报告中所反映的新事物、新经验、新问题等都要用事实来说明，用材料来阐明观点。要对大量原始材料进行思考分析，来反映事物内部的规律性，使其真正起到指导、推动实际工作的作用。例如，《幼儿生命教育现状的调查报告》中的分析："151位参与调查的教师中只有3位教师表示很了解生命教育，68.87%教师表示只有部分了解，29.14%表示完全不了解。教师中90.07%没有接受过任何与生命教育相关的培训。因此，在实际的课题研究行动中，首要的是建立起教师群体对生命教育的意识和核心理念，提高整个教师团队对生命教育的重视，这是课题研究的基础，也是之后实施生命教育的基础。"

中国学前教育研究会"十三五"课题"幼儿对规则的理解与执行力研究"中编制的问卷和调查报告参见附录3。该课题的研究内容之一是了解不同年龄段幼儿对规则的理解与执行力的特点。调查报告结合问卷调查的结果分析了小中大班幼儿对公共规则、生活规则、学习与游戏规则、社交规则的理解和执行特点。

4. 教育经验总结

教育经验总结是教师对教育活动的回顾总结，通过分析、思考，将教育现象、教育措施、教育效果等经验层面的感性认识上升到理性认识，从个别经验中发掘普遍意义，从现象到本质，揭示规律性的东西。在幼儿园，教育经验通常是教师某一方面工作的心得与体会，可以是对比较精彩的一次教育教学活动的具体过程或一个片段进行描述，然后加以分析，总结出相应的规律，得出一定的结论，也可以是对某一类教学问题具体做法或对多次教学实践中的经验体会进行归纳与总结，概括出共同的原则、方法等等。

教育经验总结的主要内容包括两部分，第一部分是经验的描述，采用记叙文的写法；第二部分是分析总结，采用议论文的写法。教育经验总结的结构主要包括前言、正文、结论、参考文献等，在结尾还可以指出需要进一步研究的问题。撰写教育经验总结时要有意识地运用教育理论去分析教育现象，站在一定的理论高度来分析日常教育教学中的实例，学会抓住问题的本质，使总结经验的过程成为研究的过程。

作为一线教师，如何提高分析问题的能力呢？平时可以通过多阅读期刊上理论性的文章或相关图书，如《幼儿教育》杂志、《幼儿园领域课程指导丛书》等，来丰富自己的理论知识储备，这样再分析问题时，就会有深度并具有可借鉴性。

以下为一篇教育经验总结，是中国科学院第一幼儿园"十三五"课题"中华优秀传统文化融入幼儿一日生活的行动研究"阶段性成果。

无稿剪纸在幼儿园的尝试

中国科学院第一幼儿园　李　帆　郝玲丽

剪纸艺术是最古老的中国民间艺术之一，作为一种镂空艺术，它能给人视觉上带来透空的感觉和艺术享受。在传统的临摹拓印剪纸活动中，儿童在传统剪纸过程中是被动的，因为剪什么是老师计划的、怎样剪是老师告知的，即使老师不直接教授，也会有步骤图贴在墙上或者由儿童示范剪法等等，这些因素影响着儿童自信心的建立。而幼儿在无稿剪纸中的专注，积极思考，发挥想象，用心创造出的作品，表现出的是儿童的原创性，是艺术表达中难能可贵的。我们班幼儿在小班时期，没有特别的开展过相关的剪纸课程，只是在活动区里有一些剪纸的游戏，对于剪纸幼儿的经验比较少，这恰巧也不失为一件好事情。

最初我们注重为幼儿创设艺术性强的剪纸环境，让幼儿欣赏大量的剪纸作品，其中有民间艺人的优秀剪纸作品，有大班哥哥姐姐的剪纸作品等。鼓励幼儿发现自己身边的剪纸，培养幼儿对剪纸的兴趣。通过环境创设，渐渐地有一些小朋友在区域活动时，开始在美工区拿起小剪刀尝试剪纸。

当幼儿对剪纸有了强烈的兴趣后，我们开始了相关的剪纸活动。最初我们为幼儿提供丰富的材料让幼儿自主选择材料，剪一些他们喜欢的或是身边的事物进行拼贴，在活动中，幼儿认识了剪刀，学会了正确的使用剪刀，养成安全、熟练地使用剪刀的良好行为习惯，发展了对线条、图形、色彩的认识。活动给予了幼儿更多的创作自由，培养了他们对剪纸艺术的兴趣。

一次剪纸课上，我看见覃覃拿到纸后先是皱了皱眉，一副不知所措的样子，我走上前去问道："你想剪个什么？"他回答说："我想剪个房子，但是我不知道怎么剪！"我问他："房子是什么样子的？"他说："上面有点尖尖的像是三角形，下面是正方形。"我鼓励他说："你说得多好呀，下面是正方形的，那你可不可以先剪出一个正方形，然后再剪出一个尖尖的三角形，最后把它们拼成一个小房子呢？"他点点头开始动手操作。等他完成作品后，开心地走过来向我展示他的作品。

接着我们从幼儿的兴趣出发，带领幼儿观察他们想剪的事物，比如孩子们想剪大树，我们就带领幼儿去观察幼儿园的大树，仔细观察不同品种大树的不同特点，有的树干很粗，有的很细。同时我们也引导幼儿观察大树新奇的一面，比如大树身上会有像眼睛一样的花纹，这一发现令幼儿非常惊喜，之后回到班级让幼儿把观察到的特点总结分享，最后再让孩子们动手剪。

这次我们开始引导个别幼儿尝试把大树直接剪出来。小宝算是动手能力比较强的孩子，我观察他在剪大树的时候并没有向其他幼儿一样，拿起剪刀马上开始。他先是观察了图片好久，我问他在干什么，他说："我要把这棵大树的样子记下了来。"然后他才开始慢慢动手剪，一开始他还是先剪了树干，再剪树叶，然后拼贴起来。这时候我们引导他能不能尝试直接剪出来，他一开始说我不会，我说："你先画一棵和你第一幅作品一样的大树，然后看着你的第一幅作品剪。"小宝似懂非懂地点点头，没想到最后他剪出的作品非常漂亮，也很有创意当然大部分孩子还是会以拼贴的方式呈现作品，但是你会发现幼儿的每幅作品会给你带来不一样的惊喜，很多孩子的作品会把观察到的"眼睛"加上去。他们的作品都栩栩如生，充满童趣。

渐渐的我们开始鼓励幼儿直接剪出一个事物，刚开始时，有些幼儿可能觉得有些难，这时需要教师适时、适度地介入引导。第一次尝试直接剪的时候让幼儿学会思考、自主探索学习新技能、创造性地运用技能进行表达。我们对幼儿作品的评价并不是他剪出的东西像与不像，而是向幼儿表达不论你剪出的作品什么样子，老师都是喜欢的。同时也告诉幼儿他们的作品哪些地方很出彩，哪些地方剪得特别棒，以增强他们的自信心。在实践活动中，我们发现，幼儿能否把自己的真实独特想法表达出来，教师肯定和鼓励很关键。

幼儿剪纸作品

在无稿剪纸中，我们的教授由传统的灌输剪纸的知识、技能，转向关注幼儿的个性差异、情感变化；从关注作品结果到关注过程；从让幼儿被动地学剪传统的剪纸，到观察生活和自然，自己创造剪纸，真正体现了教师对《幼儿园教育指导纲要（试行）》和《3～6岁儿童学习与发展指南》精神的落实，培养了儿童的艺术情趣、艺术直觉能力，保护了幼儿的创造力发展。我们应该让剪纸真正成为儿童无拘无束的一种语言表达，让每一个幼儿在剪纸活动中都获得自信与成功。

《无稿剪纸在幼儿园的尝试》是"中华优秀传统文化融入幼儿一日生活的行动研究"阶段性成果中有代表性的一篇文章，是教师在课题实践过程中的经验梳理与总结。无稿剪纸作为中华优秀传统文化的一种表征形式，融入到班级区域活动和集体教学活动中，在注重创设艺术气息浓厚的剪纸环境基础上，教师结合幼儿的年龄特点，从激发幼儿对剪纸的兴趣，到鼓励幼儿自主选择材料进行剪纸的尝试，一步步引导幼儿观察、表达，鼓励他们在尝试中学会思考，自主探索，将自己的想法通过剪纸的形式进行创造性的表达。在这个过程中，教师转变了教育观念，幼儿喜欢上了剪纸这种艺术表达形式，在优秀传统文化的氛围中感受其所蕴含的文化内涵。让幼儿在传统的艺术形式中，大胆的表达自己的想法、展示自己的生活，喜欢并愿意选择剪纸的方式进行自我的表达，他们的自信心和艺术感受力都得到了发展。案例呈现出了教师在探索幼儿园开展传统文化教育的方法和途径的历程和样态。这也正是课题研究对于教师专业成长和幼儿发展的实践意义之一。

5. 教育反思

教育反思是教师自觉地以自己的教育实践为思考对象，对自己所做出的行动、决策以及由此产生的结果进行审视、分析和总结，不断提升教学实践的合理性。反思的实质就是自己与自己对话、自我批判，借助自我对话来评价自己、改善自己，它是教师个人"专业自修"的一种方法、技术。教育反思是"经验型教师"成为"学者型教师"的重要途径。

教育反思如何撰写呢？幼儿园教育教学活动的形式和内容是丰富多样的，因此教育反思的形式也没有统一的规定，基本要素可以包括对教学活动的描述、思考分析和今后如何改进。注意改进的策略要切实可行。写教育反思时，不仅可以反思总结自身的教学行为，也可以反思幼儿的行为，还可以反思总结其他教师的教学行为；可以反思课堂教学行为，也可以反思课前的教学计划、课后的教学评价等。在写完教育反思之后，要注重将反思的成果用于后续的教育教学活动，不断改进实践状态，提升教育教学水平和教育智慧。

以下呈现的教育反思，是课题"园内种植区中幼儿观察能力培养的支持策略研究"的阶段性成果。

大班科学集体教学活动《叶子拼拼乐》及活动反思

中国科学院第三幼儿园　李杨木子

活动由来

孩子们在户外散步的时候，会捡拾地上的杨树叶进行观察。有的幼儿说："这是泡桐树的叶子吧。"有的幼儿说："这是杨树的叶子，泡桐树叶子摸上去扎扎的。"孩子们对这两种树叶很感兴趣，由于泡桐树叶和杨树叶的外观长得相似，大多数幼儿还不能快速区分出它们。本次活动将带着孩子们，通过对比观察和细致观察树叶，掌握泡桐树叶和杨树叶的外观特征。

活动目标

1. 通过细致观察和对比观察发现杨树叶和泡桐树叶的外观特征，增强观察意识。

2. 尝试用数字、图画、图表或其他符号记录两种叶子的差异。

3. 在探索杨树叶和泡桐树叶的活动中，在有所发现时能感到快乐，喜欢探究。

活动重难点

1. 活动重点：对比观察泡桐树叶和杨树叶的差异，进行记录与分享。

2. 活动难点：能根据同种树叶子的相似之处（叶脉、叶缘等），完成叶子拼图。

活动准备

1. 观察材料准备：泡桐树叶碎片，杨树叶碎片，托盘，塑封膜。

2. 记录材料准备：黑色马克笔，深绿和浅绿水彩笔。

3. 幼儿经验准备：幼儿有对比观察和记录的经验。

活动过程

(一) 活动导入

教师出示一片完整的杨树叶，引发幼儿兴趣。

教师：这是一片杨树叶子，请小朋友仔细看一看，它长什么样？叶子有什么特征？

总结：这片杨树叶子上有粗粗的叶柄，还有很多分叉的叶脉，叶子边缘像小锯齿一样。

(二) 基本过程

1. 一片杨树叶拼图游戏，通过对比观察不同叶片，发现叶子的特征。

(1) 出示杨树叶子碎片，激发幼儿观察的兴趣和欲望。

教师：今天我们来玩一个叶子拼图游戏，老师这有很多杨树叶子碎片，请你们把它们拼成一片完整的杨树叶。

幼儿观察、拼树叶。

教师：你有什么好方法能快速拼成一片完整叶子呢？

教师巡回指导：并提示：

●小朋友请仔细地观察每片杨树叶子的碎片，你们会发现更多杨树叶子的秘密。

●拼图的时候要注意轻拿轻放，不要损坏叶子。

（2）幼儿自主进行杨树叶子拼图游戏，教师巡回指导。

教师：刚才小朋友在拼杨树叶子的时候，哪种方法拼得最快？

教师：刚才小朋友近距离地观察杨树叶子，杨树叶有什么秘密？

2. 叶子拼图游戏，发现泡桐树和杨树叶的不同（泡桐树叶碎片中混有几片杨树叶）。

幼儿进行树叶拼图游戏，教师巡回指导。

教师：你发现这些树叶有哪些不一样的吗？

教师：有什么好方法能快速找出泡桐树叶？

教师：你还发现两片叶子有什么不同？

同伴交流和分享两片叶子的不同。

教师：这两片叶子有什么不一样的地方？还有哪里不一样？

教师和幼儿一起总结杨树和泡桐树叶的差异。

（三）结束部分

外出寻找树叶之家，帮助幼儿进一步区分杨树叶和泡桐树叶。

教师：刚才混在杨树叶子里的树叶叫什么名字？中午散步的时候我们一起走到户外，去寻找叶子吧。

"叶子拼拼乐"活动反思：

《3～6岁儿童学习与发展指南》中指出，5～6岁幼儿能通过观察、比较与分析，发现并描述不同种类物体的特征或某个事物前后的变化。首先从本次活动的发展目标来看，侧重在对比观察能力上的提升，通过细致观察一片杨树叶子到对比观察杨树叶子和泡桐树叶子，锻炼幼儿细致观察和对比观察的能力。《幼儿园科学领域教育精要——关键经验与活动指导》中提出，幼儿园科学教育要把握动手操作的原则、主动探究的原则、支架原则、联系生活的原则，"叶子拼拼乐"活动紧密围绕这几个原则，教师给予相应的策略支持，帮助幼儿提升对比观察的核心经验。

在本次集体教学活动中，我采用的支持策略有以下6个方面。

1. 材料支持。马克笔，颜色不同水彩笔支持幼儿记录不同点；树叶都是落叶乔木，有相似点和不同点；杨树叶和泡桐树叶是幼儿园常见的叶子，幼儿在户外游戏的时候都会捡起来，玩一玩，看一看；叶子拼图游戏激发幼儿探索兴趣；"叶子拼拼乐"游戏来源于幼儿的生活，取之生活，用之生活，紧扣联系生活原则。

2. 环境支持。教师提供充分的空间和时间给予幼儿探索；活动中，教师先让幼儿获取叶子拼图游戏的操作经验，通过动手拼摆，调动各种感官进行观察，再进行幼儿经验的分享，围绕问题进行讨论，紧密围绕动手操作原则。

3. 过程设计。过程设计有层次性；先是一片叶子的拼图，引导幼儿进行细致观察，然后挑选混合的叶片，进行第二次拼图，引导幼儿进行细致和对比观察，活动过程层层递进，激发幼儿持续探究。

4. 教师引导语。好的问题既要能引起幼儿的探究兴趣，又要蕴含一定的科学概念，教师向幼儿提出一个好问题，可以直接将幼儿引向有价值的科学探究过程。活动中，教师有层次地提问，如你发现这些树叶有哪些不一样的吗？有什么好方法能快速找出泡桐树叶？你发现两片叶子还有什么不同？通过提问促进幼儿思维能力、表达能力的发展。紧密围绕支架原则。

5. 同伴策略。大班学习方式是活动化的共同学习，同时《3～6岁儿童学习与发展指南》中提出教师要支持幼儿与同伴合作探究与分享交流，引导他们在交流中尝试整理、概括自己探究的成果，体验合作探究和发现的乐趣。活动中，教师在每个环节后面进行了小结，鼓励和支持幼儿互相分享自己的发现，促进同伴交流。

6. 观察方法。局部和整体的细致观察，局部和整体对比观察。通过比较杨树叶和泡桐树叶的不同，使幼儿进行更深入的细致对比观察。在对比观察中，幼儿能够更正确、细致、完整地认识事物。

从本次活动的过程来看，活动设计符合幼儿发展水平，在实践操作中调动幼儿的五感参与。让幼儿充分地感知和体验，其次，活动设计有层次性、由易到难，从充分认知一种树叶的特征到出示两种树叶引导幼儿进行对比观察，而且采用拼图方式，激发了幼儿的兴趣，调动了他们参与的积极性。

下一步改进措施：

1. 单片叶子的观察环节，拼图块数在3～4块为宜，主要让幼儿熟悉拼图的技巧，并了解杨树叶子的外观特征。而两片叶子混合的时候，每种叶子的拼图块数在 2～4 块为宜，不宜过多。

2. 要关注集体教学中的个体差异，比如在拼图块数的选择上，在拼图的方法运用上等。

延伸活动

《幼儿园科学领域教育精要——关键经验与活动指导》中提出 5～6 岁幼儿要能观察和了解同一种生物也具有细微的差别。本次活动之后，也可以设计同种叶子的异同的观察与比较活动。寻找对生叶子和互生叶子（叶在茎上的排列方式称作叶序，一般分为互生、对生、轮生、丛生 4 种。每一个节上只长一片叶子，且各节交互长出，这种排列方式称作互生，如扶桑、榕树等就是互生叶子。每一个节上长出两片相对的叶子，称为对生，如大花紫薇、女贞、薄荷等都是对生叶子）。

6. 著作

著作是对某一问题深入研究的结果，是第一次公开出版发行的书籍。著作是最能代表教师科研水平与实力的作品。著作的形式有专著、编著、合著等，其中专著的创造性最高，它不是整理、增删、组合或改编他人的作品，幼儿教育专著是专门针对某一幼儿教育问题或幼儿教育的观点进行深入系统的研究后，撰写的具有一定前瞻性、创造性、学术水平较高的作品。编著是既编又著的作品，作者在充分吸收、借鉴、引用他人成果的基础上，加上自己的研究与理解而形成。合著则是两人或两人以上共同完成的研究作品。

课题组可以把平时积累的教学案例、教学反思和教学随笔等加以归类整理，结集出版，这些日常积累作品的结集性研究著作集中反映了教师研究的成果，可以比较深入全面地反映研究对象。例如中国科学院第五幼儿园在中国学前教育研究会"十三五"滚动课题研究期间，形成了著作《幼儿园科学区材料投放与活动开展指导》，该书包含 44 篇科学区材料的研究、20 篇科学区活动观察案例，为幼儿园教师在投放科学区材料，以及支持幼儿科学区的探究活动方面提供了可借鉴的经验。再如中国科学院第一幼儿园在北京市学前教育研究会"十三五"课题期间，形成了著作《幼儿园中华优秀传统文化教育的理论与实践探索》，该书共分为 4 个章节，分别是导读、中华优秀传统文化教育的必要性与可行性、中华优秀传统文化教育的反思性经验以及中华优秀传统文化主题教育活动的案例分析，呈现了中国科学院第一幼儿园传统文化教育实践成果，初步形成幼儿园传统文化教育体系，为下一阶段的教育实践探索奠定了基础。

7. 手册

幼儿园根据课题研究的需要会编制许多不同类型的手册，这些手册具有很强的操作性和实用性，在很大程度上解决了幼儿园日常教育教学、幼儿园管理中常见的问题。例如中国科学院第三幼儿园在课题"幼儿园后勤标准化管理的初步研究"中，形成的《保育员实际操作手册》《幼儿园后勤管理手册》，对提升了幼儿园后勤服务质量有较好的参考价值。

8. 幼儿作品

幼儿园课题研究的阶段性成果不仅可以有教师的作品，还可以有幼儿的作品。幼儿作品的形式丰富多样，可以是幼儿创造的作品，也可以是幼儿自己的观察记录。以中国科学院第三幼儿园的课题"园内种植区中幼儿观察能力培养的支持策略研究"为例，阶段性成果中就有幼儿基于对植物的观察和探索创作的绘本，以及幼儿的观察记录等等。

大班《萝卜家族》绘本节选

2018年4月4日：今天是萝卜来到班里的第一天，我们特别高兴，我们认识了它们的名字，观察到它们的叶子和根都很小。印象最深的是心里美萝卜，我们觉得很搞笑，还有胡萝卜、白萝卜和卜萝卜，好期待它们长大后的样子!

2018年4月11日

今天萝卜家族有一个好消息和一个坏消息。好消息是"心里美萝卜"长高了，用尺子量竟然5厘米了！坏消息是"胡萝卜"离开了我们，它的根部泡在水里坏掉了，不过我们也学到了"胡萝卜"更适合生长在土里的知识。

2018年4月13日

泡在水里的两个"胡萝卜"都生病了。今天新的"胡萝卜"加入到我们中间，我们称它为"胡萝卜3号"。这一次，我们觉得应该给换一个环境，于是我们把它种在了土里。不知道"胡萝卜3号"在土里会不会健康成长呢？我们一起期待它的变化吧！

幼儿的观察记录《种植日记——蛋壳挑战赛》

背景介绍：为了培养幼儿细心照顾植物的意识，在选择种植器皿时，选择了易碎的鸡蛋壳，蛋壳里残留的蛋液，可以给种子更多的营养，帮助它们快点发芽。从幼儿收集到的种子中选择了单子叶植物小麦和双子叶植物花生进行种植，希望可以在两种植物发芽后观察它们叶子的不同。种植当天，小朋友们小心翼翼地把种子放进了蛋壳中，慢慢地盖上土，我们班的"蛋壳挑战赛"从此刻开始了。比一比谁的植物长得快，比一比两种植物有什么不同，幼儿对这种游戏形式的种植活动十分感兴趣。

以下是一位小朋友的观察记录和她的种植故事。

2018 年 4 月 26 日　　　　　**天气：晴**　　　　　**种植时间：第十四天**

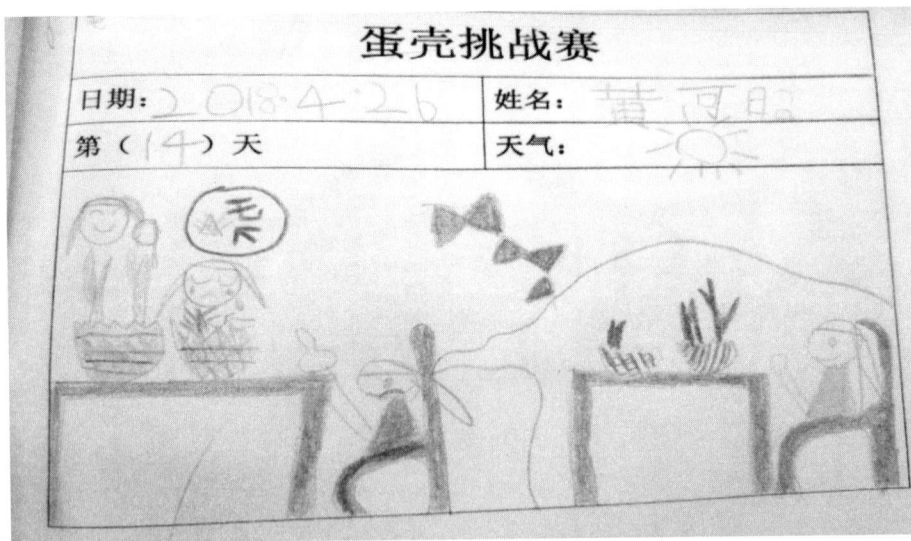

我的种植故事：今天是我种下小种子的第十四天，小麦发芽后越长越高了，可是我突然发现花生种子长毛了，长毛的花生是不是就死掉了？是不是再也不能发芽了，也不能长出小花生了呢？我的心情特别不好，伤心的快要哭出来了。

幼儿的作品不但生动地再现了课题研究的过程，而且展示了课题研究取得的成效，即课题研究对幼儿的发展所起到的促进作用。

以上列举的几种有代表性的阶段性成果，具体运用时，要根据课题的研究内容特点来灵活选择。在课题研究的过程中，阶段性成果的形式不止这些，教师可以根据课题的实际需要，尝试运用更加丰富的形式来呈现研究成果，例如视频、实验研究报告、教育日志等（关于实验研究报告的撰写，推荐阅读王成刚、袁爱玲编著的《幼儿教师如何做教科研》）。

二、课题中期检查的相关要求

阶段性成果是中期检查的重要内容之一，除此之外，中期检查还要对课题研究开展的进度和经费使用等情况进行检查，课题研究单位需要向课题立项机构提交书面材料，包括中期检查表和前期的研究成果，中期检查的结果会影响经费的划拨。以中国学前教育研究会"十三五"课题的中期检查为例，主要内容包括 4 部分：课题研究目标和研究内容；课题进展情况（与原计划和步骤对照，完成的情况如何）；阶段性成果有哪些；反思及问题。需要注意的是，阶段性成果的梳理不是在中期检查的时候才去进行的，它贯穿于课题研究的整个过程。

课题研究中期的阶段性总结能帮助课题组及时回顾过去已开展的工作，反思存在的问题，思考下一步的计划，对更好地推进课题研究具有积极的促进作用。因此，幼儿园要高度重视，可以召开中期报告会，邀请专家和科研管理机构的工作人员参加。

中国学前教育研究会"十三五"（滚动）课题中期检查表

课题名称	幼儿园科学区活动材料投放及教师支持策略的研究		主持人姓名	（略）
单位名称	中国科学院第五幼儿园			
开题时间	2016.12	参加人员	（略）	
研究目标	1. 对科学区投放的材料进行研究，包括对应该投放哪些材料，材料所蕴含的关键科学经验进行研究，对如何投放材料，材料投放的依据、应该遵循的原则进行研究，以帮助幼儿建构关键科学经验。 2. 探索出教师对幼儿在科学区的探究活动可提供的有效支持策略，为幼儿提供有针对性的、适宜的支持。			

（续）

研究内容	（一）幼儿园科学区材料的投放 1. 如何结合幼儿的生活经验和兴趣进行材料投放。 2. 依据幼儿关键科学知识经验选择适宜结构的材料，分析材料蕴含的关键经验有哪些、可开展的科学探究活动有哪些。 3. 对于不同年龄段的幼儿，应当投放哪些材料才能符合幼儿的认知发展水平和科学探究能力关键经验的发展。 4. 如何投放材料才能使目标分层递进，让幼儿的关键科学经验不断发展，也能满足不同幼儿个体的需要。 5. 对于封闭性材料、开放性材料如何投放，才能发挥各自的优势，让幼儿持续深入地探究。 （二）幼儿园科学区探究活动教师的支持策略 1. 如何支持幼儿在科学情感态度关键经验方面的发展。 2. 如何有目的地观察幼儿在科学区的探究活动，并对幼儿的关键科学经验发展情况作出准确的分析。 3. 如何通过适时、适宜的提问促进幼儿关键经验的发展。 4. 如何将区域活动和主题活动更好地结合，以支持幼儿的全面发展。
课题进展情况	（与原计划和步骤对照，说明完成的情况，如有不一致，说明原因） 课题组按计划开展课题研究工作，进展顺利： 一、研究的基本过程和主要活动 （一）第一阶段：前期准备阶段（2016 年 10 月—2016 年 12 月） 1. 成立课题研究小组，明确各自职责。 2. 课题负责人对参与研究的一线骨干教师进行相关培训，使之明确研究的目标、内容与实施方法。 3. 课题组进行理论学习。收集有关国内外有关幼儿园科学区材料投放及教师支持策略有关的一系列理论、现状、发展趋势、方法等的相关成果，进行比较、筛选、吸收，结合本课题研究，加以调整和完善，不断为课题研究提供科学的论证资料和研究方法，为课题研究提供充足的事实依据。 4. 开展访谈调查，了解教师在投放材料上的困惑以及在支持幼儿进行科学区探究活动中的困惑。 5. 组织开题报告会，邀请专家指导课题研究方向，帮助课题组成员明晰课题研究思路。

（续）

课题进展情况	（二）第二阶段：课题实施阶段（2017年1月—2019年6月） 1. 课题组通过理论学习和实践经验的总结，明确不同年龄段幼儿科学关键经验，以支持幼儿在科学区的探究活动中能更有效地建构科学关键经验。课题组通过查阅文献，了解其他国家幼儿科学领域课程标准，如美国幼儿园科学教育内容的标准，高宽课程中科学领域的关键经验、澳大利亚幼儿园科技课程大纲、刘占兰主编的《学前儿童科学教育》等，结合幼儿感知觉、思维发展特点，总结各年龄段幼儿的科学探究情感态度、科学探究能力方面的关键经验。 2. 运用行动研究投放材料、调整材料，课题组依据幼儿关键科学知识经验，选择适宜结构的材料进行深入研究，分析材料蕴含的关键经验有哪些，可开展的科学探究活动有哪些，并在实践中检验所投放的材料是否真正适宜幼儿操作探究，最终将适宜幼儿探究的科学区材料进行梳理汇总，形成课题阶段成果《科学区材料投放手册》。 3. 课题组在材料投放的过程中根据教育实践经验，总结材料投放时所要遵循的原则。如何结合幼儿的生活经验和兴趣进行材料投放；对于不同年龄段的幼儿，应当投放哪些材料才能符合幼儿的年龄特点和科学探究能力关键经验的发展；如何投放材料才能使目标分层递进，让幼儿的关键科学经验不断发展，也能满足不同幼儿个体的需要。 4. 结合幼儿科学关键经验指标，对幼儿在科学区的活动进行有目的的观察，根据幼儿的最近发展区为幼儿在科学区的探究活动提供适宜的支持。为幼儿提供操作示意图、观察记录表，通过隐性指导的方式提升幼儿自主探究的能力。对个别幼儿在科学区的探究活动进行深入而具体的研究，通过评价幼儿科学关键经验的发展，分析材料是否适宜、教师的支持策略是否有效。 二、下一阶段拟开展的工作 2019年6月—2020年6月拟完成以下工作： 1. 研究封闭性材料、开放性材料如何投放，才能发挥各自的优势，幼儿持续深入地探究；如何将区域活动和主题活动更好的结合，以支持幼儿的全面发展。 2. 进行课题总结，汇编课题成果。收集、整理、分析研究资料。对研究内容进行全面总结，撰写课题结题报告"幼儿园科学区活动材料投放及教师支持策略的研究"。 3. 邀请专家对课题成果进行鉴定，向中国学前教育研究会提交结题资料。

（续）

阶段性成果	一、阶段性成果的主要内容
	课题组通过实践研究总结出科学区材料投放的依据和应遵循的原则，科学区教师的多种支持策略：

一、阶段性成果的主要内容

课题组通过实践研究总结出科学区材料投放的依据和应遵循的原则，科学区教师的多种支持策略：

（一）科学区材料投放的依据和应遵循的原则

1. 选择符合幼儿生活经验和探究兴趣的材料，并鼓励幼儿参与材料投放。

2. 依据幼儿关键科学知识经验，选择结构适宜的材料进行投放。

3. 依据幼儿认知发展水平和科学探究能力的关键经验，投放难度适宜的材料。

4. 分层投放纵向推进幼儿关键经验的发展，分组标记横向满足不同发展需求的幼儿。

（二）科学区教师的多种支持策略

1. 营造安全的心理氛围，促进幼儿科学探究精神、态度的发展。

2. 依据关键科学经验，有目的地观察幼儿，在观察的基础上提供有针对性的支持。

3. 通过适时适宜的提问促进幼儿关键科学经验的获得。

（1）创设问题情境激发幼儿探究兴趣。

（2）通过追问帮助幼儿获得关键科学知识经验。

（3）通过开放式问题和推理性、创造性问题促进幼儿科学思考能力的发展。

（4）通过提问引导幼儿和同伴交流，提高表达交流能力。

4. 通过隐性指导的方式促进幼儿科学探究能力关键经验的发展。

（1）通过提供操作步骤示意图，提升幼儿自主实验的能力。

（2）通过提供观察记录表，提高幼儿的观察、记录能力。

二、阶段性成果的代表作

1.《科学区材料投放手册》。

2. 科学区观察案例21篇。

3. 论文6篇：《通过材料投放支持幼儿在科学区大胆自主探究分析》《科学区材料投放原则》《选择适宜的科学材料激发幼儿探究兴趣》《幼儿园科学区操作材料互动式玩法初探》《科学区中促进幼儿自主发展的策略研究》《幼儿园科学区的价值及其教师支持策略的研究》。

三、阶段性成果发表或获奖情况

1.《通过材料投放支持幼儿在科学区大胆自主探究分析》，在中国学前教育研究会2018年年会论文征集活动中获鼓励奖，并发表在《学校教育研究》2018年10月刊上。

（续）

阶段性成果	2. 科学区观察案例《桃子的水果平衡木》和《灯泡亮起来了》，在 2019 年 6 月分别荣获北京市朝阳区"三研究"案例评选三等奖。

按照目前研究工作的进度，课题将在 2020 年 6 月如期结题。

反思及问题	一、课题研究取得的成效

在课题研究初期，教师们有这样的困惑：因为对某些科学知识了解不够，所以在回答孩子的问题时，对一些科学现象解释不清。通过课题研究，使他们对材料的结构进行研究，使他们对科学概念的掌握更加清晰，能将科学概念转化为幼儿可获得的关键经验，在活动中能更好地把握有价值的教育契机；而且对幼儿来说，最重要的不是原理的获得，而是现象的亲历、经验的获得，探究兴趣的培养。

通过课题研究改变教师存在的误区，如之前有教师认为幼儿没有按程序探究就是在随意乱玩，急于介入幼儿的活动。经过课题研究，教师掌握了清晰的关键科学经验后，能更加敏感地捕捉到幼儿在"随意乱玩"的过程中其实已经感知到了很多重要的现象，获得了很多重要的知识经验，只不过这些现象是教师没有预先想到的而已。

（续）

反思及问题	二、课题研究存在的不足 1. 面向不同年龄段幼儿的支持策略需要做进一步的细化研究。 　　2. 科学区材料的投放是一个动态的过程，依据我们在课题研究成果中所总结的科学区材料投放原则以及幼儿的发展变化，还需要不断地调整优化科学区所投放的材料。
备注	分会盖章 　年　月　日

第六节　课题结题

　　结题是课题研究形成成果，向课题管理单位申请结束的过程。课题在申报之初就规定了课题研究的时长，有的类型是 1 年，有的 3 年。课题研究通常要在预定的时间内结题，若研究成果不足以结题，则可以申请延期结题。第五节所介绍的课题阶段性成果梳理，为课题结题提供了研究成果方面的积累。要了解结题还要清楚结题的要求和流程，以及相关书面材料的撰写。下面将从结题要求的解读、结题报告的撰写、研究工作报告的撰写，以及结题意见书的填写这 4 个方面对结题进行介绍。

一、结题的办法和工作要求

　　结题包含三大程序：成果鉴定、课题结题、成果评奖，一般的步骤如下：

　　第一步，梳理、汇总课题材料（开题报告；中期报告；过程性资料，如研究计划、研讨记录、观察记录、研究方案的修改、现场照片或视频等），提炼成果，撰写结题报告（又称研究报告）。

　　第二步，课题申报单位向课题管理部门提出结题申请，获得批准后填写"研究成果鉴定与结题意见书"。

　　第三步，课题申报单位组织鉴定活动。聘请鉴定专家，向鉴定专家送交鉴定材料（主要有"研究成果鉴定与结题意见书"、结题报告及相关附件）。如果课题负责人有变动，还需提供加盖单位公章的证明材料。专家预审并反馈，修改建议，课题负责人根据反馈，修改鉴定材料。成果鉴定的标准基本为材料、数据收集过程科学；研究结论表述准确；研究成果可靠；对实践工作有指导意义或具有一定理论价值。

　　第四步，专家鉴定成果，填写结论意见。根据成果的类型及鉴定活动的组织形式可采取现场鉴定或通讯鉴定（书面鉴定，专家不到会议或现场）。无论是现场鉴定还是通讯鉴定，最后都需要由专家组组长汇总意见，作出鉴定结论。

　　第五步，向课题管理部门提交经专家鉴定后的结题材料（有专家鉴定意见和签字的"研究成果鉴定与结题意见书"、结题报告及相关附件等等），课题管理部门根据鉴定结果进行复查审核，做出是否可以结题的决定，审核通过颁发结题证书。

第六步，课题管理部门对予以结题的课题进行成果评奖。评奖的标准有：选题符合学前教育改革方向，并有一定的创新性；研究有一定理论支持，研究过程认真，能与幼儿园工作实践相结合；研究能为幼儿发展服务，同时促进教师专业水平的提高；如果是理论研究，则有一定前瞻性（先进性、预见性、预测性）。

二、研究报告的撰写

与开题报告相比，研究报告（又称结题报告）在内容上多了"研究成果"和"反思"这两部分；另一个不同是开题报告中的"研究计划"在研究报告为"研究过程"；在详略程度的处理上，研究报告中的"研究背景及意义""文献综述""研究目标、内容、方法"等是略写，这几部分加起来所占篇幅不到50％；"研究过程"及"研究成果"是详写，"研究成果"是重点，约占整体篇幅的60％～70％。研究成果不是研究过程的再现，而是要对研究过程进行提炼，形成教育理论，从而回答课题研究的问题。下面先呈现一个结题报告的目录，来了解结题报告的结构框架，再逐个部分进行介绍和举例，完整的结题报告可参见《中国科学院幼儿园"十三五"课题成果》。不同的课题管理部门（如中国学前教育研究会、北京市学前教育研究会）提供的结题报告的结构框架稍有不同，但涵盖的内容基本一致，例如，有的结构框架第一部分是"研究背景及意义"，有的是"选题的缘由及意义"，用词不同，但包含的内容大概相同。

【例1】"幼儿园科学区活动材料投放及教师支持策略的研究"目录。

一、问题提出背景及研究意义

（一）问题提出背景
1. 科学区活动材料投放现存问题分析

2. 教师在科学区活动支持策略上存在的困惑和问题

（二）研究意义

1. 理论意义

2. 实践意义

二、核心概念界定

三、文献综述及研究的理论依据

（一）文献综述

1. 科学区活动材料投放的相关研究

2. 区域活动教师支持策略的相关研究

3. 对现有文献的分析

（二）研究的理论依据

1. 皮亚杰的认知发展理论

2. 布鲁纳的建构主义理论

3. 维果斯基的认知发展理论

4. 蒙台梭利教育理论

5. 高宽课程理论

四、研究目标及研究内容

研究目标

研究内容

五、研究过程

六、课题研究成果（重点写、详写）

（一）明确科学区材料投放的依据和应遵循的原则（详见中期报告）

1. 选择符合幼儿生活经验和探究兴趣的材料，并鼓励幼儿参与材料投放。

2. 依据幼儿关键科学知识经验，选择结构适宜的材料进行投放。

3. 依据幼儿认知发展水平和科学探究能力的关键经验，投放难度适宜的材料。

4. 分层投放纵向推进幼儿关键经验的发展，分组标记横向满足不同发展需求的幼儿。

5. 封闭性材料与开放性材料相辅相成，支持幼儿深入探究。

(二) 科学区探究活动教师的支持策略

1. 营造安全的心理氛围，促进幼儿科学探究精神和态度。

2. 依据关键科学经验，有目的地观察幼儿，在观察的基础上提供有针对性的支持。

3. 通过适时适宜的提问促进幼儿关键科学经验的获得：

(1) 创设问题情境激发幼儿探究兴趣。

(2) 通过追问帮助幼儿获得关键科学知识经验。

(3) 通过开放式问题和推理性、创造性问题促进幼儿科学思考能力的发展。

(4) 通过提问引导幼儿和同伴交流，提高表达交流能力。

4. 通过隐性指导的方式促进幼儿科学探究能力关键经验的发展。

(1) 通过提供操作步骤示意图，提升幼儿自主实验的能力。

(2) 通过提供观察记录表，提高幼儿的观察、记录能力。

5. 区角活动生成主题活动，促进幼儿全面发展。

七、反思

(一) 所取得的成效

1. 促进幼儿关键科学经验发展。

2. 促进幼儿自信心、自主性、独立性等良好个性品质的发展。

3. 促进教师专业素养的提升。

(二) 所存在的不足

八、参考文献

以下具体介绍结题报告的研究过程和研究成果的撰写（其他部分的撰写见本章第二节"课题立项申报书的撰写"）。

1. 研究过程的撰写

研究过程呈现的是不同时间段的研究内容、方法和解决的问题，陈述比较客观、真实，一般不用第一人称，可以在中国知网上查阅一些硕士、博士论文，参考其中的"研究过程"。

【例2】课题"科学区活动材料投放及教师支持策略的研究"中，"研究过程"的部分内容。

课题实施阶段（2017年1月—2019年5月）

课题组运用文献研究法收集国内外有关幼儿园科学区材料投放及教师支持策略相关的理论、现状、发展趋势，以及关键科学经验相关的研究成果，如高宽课程中科学领域的关键经验、美国幼儿园科学教育内容的标准、澳大利亚幼儿园科技课程大纲、刘占兰主编的《学前儿童科学教育》等等，结合幼儿感知觉、思维发展特点，总结各年龄段幼儿的科学探究情感态度、科学探究能力方面的关键经验。根据科学领域的学科体系和学科特点，以及幼儿的学习特点，通过文献梳理，总结各年龄段幼儿的关键科学知识经验；通过对文献的研究，总结出科学区材料投放存在的问题。如不清楚材料投放的依据是什么，没有考虑幼儿在科学领域的关键经验，材料投放就会存在盲目性，出现材料投放方式单一、投放层次模糊等问题。

2. 课题研究成果

课题研究成果是结题报告中最重要的部分，回答课题研究的问题。小标题要明显地体现对研究问题的回应，研究成果的具体内容要阐释小标题的内涵、研究方法和依据，陈述时行文要客观、严谨，使用专业术语，可以通过案例、举例、图表等方式来具体说明。研究成果不是呈现研究过程，也不是描述现象，而是把经验总结提炼为规律或有普适性的理论，让更多人可以运用。同时，它要具有创新性，做到"人无我有，人有我新"，否则重复前人的成果就没有必要了。研究成果写清楚了，有利于课题的借鉴或推广。

　　下面的例子是针对科学区活动中"分享者说不清，倾听者听不进"问题进行的行动研究，总结提炼出解决的方法。文中的小标题"转变记录形式，让幼儿说得清"，以及"多观察、多表达""一张白纸的妙用""教师协助"等，都是对研究问题"分享者怎么才能说得清"的回答。文中体现了用观察法、文献法分析出幼儿说不清的原因，3项措施的原理以及在具体情景中的运用。

【例3】 论文《浅谈科学活动中的记录与分享》中的部分内容。

转变记录形式，让幼儿说得清

　　对于分享的幼儿说不清的问题，经过观察与研究发现，幼儿说不清的主要原因有以下几点：首先，与幼儿记忆能力发展有关系，幼儿园幼儿以无意记忆为主，有意记忆和追忆能力正在发展，所以会出现实践活动中幼儿的无意记忆与分享环节的内容不符，导致幼儿"说不清"。其次，幼儿记忆时间短，在活动中关注的内容凌乱化，片段化，随幼儿兴趣点的变化而改变；记录时发现的问题很可能到分享时已经遗忘，也会出现"说不清"的现象。最后，幼儿对于记录缺乏相关的经验，记录形式和记录方法单一；幼儿不知如何表达自己的见闻与感受。导致最后的记录不清楚，内容不全面。

　　1. 多观察，多表达

　　首先，对于缺乏记录经验的幼儿而言，打破固定的记录形式，鼓励幼儿将自己在活动中的所看、所闻、所想、所得用自己的方式表达出来。为增强幼儿参与活动的信心与兴趣，初步奠定幼儿记录的基础。在前期组织的活动中，教师要给予幼儿充足的探索时间，引导幼儿多感官的发现。此环节，教师旨在让幼儿多发现，多表达，不必急于让幼儿做记录。所以此时的分享交流活动应与实践操作活动同步进行，教师及时帮助幼儿记录想法，丰富幼儿的记录经验，引导幼儿学会表达。如在中班组织的科学活动"对比观察橘子和橙子"中，每位幼儿将一个橘子和一个橙子进行对比观察，幼儿将观察中的发现及时说出来，教师帮幼儿进行记录。活动中教师用问题"你看到/闻到/听到/摸到……橘子和橙子有什么不同？引导幼儿多感官进行观察，再通过提问鼓励幼儿说出记录的方式。以下为活动中师幼互动的片段之一。

教师：小朋友摸一摸，橘子和橙子有什么不同吗？

幼儿：橘子是粗粗的。

教师：那橙子呢？"

幼儿：橙子是滑滑的。

教师：橘子皮是粗粗的，怎么表示"粗粗的"呢？

幼儿：画一个橘子，上面都是黑色的点点。（教师记录）

教师："粗粗的"摸上去有什么感觉？

幼儿：不舒服。可以画一只手上面打个叉，表示摸着不舒服。（教师记录）

教师：这个想法不错，还有什么摸上去是"粗粗的"呢？

幼儿：木头，木头摸上去粗粗的。

教师：所以我们也可以画一根木头，表示橘子摸上去粗粗的。（教师记录）

教师：现在怎样表示橙子"滑滑的"呢？

……

通过实践，教师及时记录幼儿的想法，幼儿从中也能潜移默化地学习如何表达自己的发现。如上面对话中幼儿对橘子"粗粗的"记录，大部分幼儿能够想到用具体化的实物符号"圆形中画点"表示。教师通过提问，引导幼儿联想"粗粗的"是什么感觉。幼儿能够说出"不舒服"，并想到用抽象化的符号"一只手上面打叉"表示自己的感觉。再通过问题"还有什么摸上去粗粗的"，使幼儿的思维得到发散，联系到实际生活中类似事物的感觉。这样，教师通过不同的提问与引导，幼儿学会用具体化符号，抽象化符号及借助相近事物，将自己具体的见闻和抽象的感受表达出来。

2."一张白纸"的妙用

在幼儿掌握一定的记录方法，有初步的记录经验以后，教师可以鼓励幼儿尝试自己记录，切忌为幼儿准备表格式记录单。因为幼儿的思维十分活跃，关注到的内容会很多，而且幼儿因兴趣点不同，关注的内容也有所不同。

表格式记录单仅仅是从教师的角度出发，而且表格内容固定、单一，会限制幼儿的思维，使幼儿失去记录的兴趣。所以，一张白纸是幼儿初期记录最喜欢的展现自己想法的平台。在这张纸上，我们可以找到教师提出的问题的答案，也可以找到幼儿自己的发现。可以有统一的答案，也可以有个性化的展示。在交流分享环节，幼儿也会被这一张张不同的纸所吸引。

3. 教师协助

教师在幼儿操作记录的时候，怎样了解幼儿的记录内容，帮助幼儿记录的更清楚呢？很多教师想到现场拍照记录。这种方法可以记录下幼儿的精彩瞬间，同时，我们也遇到照片带来的困扰——只能反映一个瞬间，无法记录整个动态活动。由此，与大家分享一些"照片追踪"的方法，使我们的记录更有效。当教师抓住某位幼儿的新奇想法时，不要只拍一张照片记录。我们要把幼儿在实践过程中重要的几个环节或有代表性的几个步骤拍摄下来，这样，系列的图片更能帮助幼儿在分享环节完整地说出自己的想法。当然，短小、有重点的视频更能记录精彩过程，在分享环节进行回顾也会激发幼儿的兴趣，吸引幼儿的注意。幼儿记录过程中，教师要以"参与者"的身份配合记录，要不断巡回指导，了解每位幼儿的想法与记录内容，拍摄或录制幼儿新奇的想法与遇到的问题。在巡回指导时教师带一支笔，在幼儿的记录旁边进行重点备注。在分享环节，如果幼儿记不清自己记录的内容，教师只要参考备注，对幼儿进行适当提醒，相信幼儿能够很快回忆出自己的记录内容。

三、研究工作报告的撰写

研究工作报告的目的在于呈现研究工作不同阶段的组织、实施及结果，让课题管理部门在短时间内了解研究工作的过程。不同的课题管理部门对于研究工作报告所要呈现的内容板块可能稍有不同，研究者一定要认真阅读研究工作报告的写作要求，按照要求进行填写，以便于鉴定专家阅读并快速抓到相应重点信息。

下面以北京市学前教育研究会"十三五"课题研究工作报告为例进行说明，报告要求呈现的内容包括：研究的基本过程和主要活动；研究计划的实施情况；研究变更情况（课题负责人、课题名称、研究内容、成果形式、完成时间等）；成果的出版、发表、获奖情况；转载、采用、引用情况；成果的代表作等。

研究的基本过程和主要活动一般分为 3 个阶段来书写：前期准备阶段、课题实施阶段、课题总结阶段；每个阶段对应具体的时间段，需将与课题研究相关的工作逐条写清楚。研究计划的实施情况主要陈述课题研究实现研究目标的情况。研究变更情况是课题开展的过程中，课题负责人、课题名称、研究内容、成果形式、完成时间等与开题时的计划或情况相比，有没有变更，若有需要具体说明原因。成果的出版、发表、获奖情况，转载、采用、引用情况，成果的代表作都是有关成果方面的内容，若有这些方面的成果，就逐条有序地列出。转载、采用、引用情况一般指已发表的论文，可以从中国知网上查这方面的信息。

【例 4】课题"幼儿对规则的理解与执行力研究"的研究工作报告。

一、概述

2016 年 5 月，课题组申报了中国学前教育研究会"十三五"研究课题。2016 年 11 月，该课题申请通过，得以立项。

2016 年 12 月，课题主持人进行了开题报告，报告会邀请了北京教育科学研究院早期教育研究所的资深老师担任指导专家。专家们在认真听取课题主持人的开题报告并进行深入交流的基础上，提出以下建议：

（1）在儿童规则理解方面的研究上，增加一些文献研究、强化研究的设计，突出幼儿年龄特点。

（2）课题的选题涵盖范围与内容相对比较大，可以先将幼儿年龄特点以及现状的问题作为研究重点，以后再进行进一步拓展。

课题组成员在课题主持人的带领下，按照申报书的工作计划，成立了课题工作小组，拟订出工作计划，明确了成员分工，有条不紊地开展为期 3 年的研究工作。

二、研究的基本过程和主要活动

本次课题研究共分为 3 个阶段：

(一) 前期准备阶段 (2016 年 10 月—2017 年 2 月)

1. 成立研究小组，按研究任务进行分工，明确职责。

2. 学习《3～6 岁儿童学习与发展指南》中社会领域的具体要求。

3. 课题组进行理论学习。查阅国内外关于幼儿对规则的习得与内化及幼儿园规则教育等主题的一系列理论、现状、发展趋势、方法等的相关成果，进行比较、筛选、归纳、总结，结合本课题的研究方向，不断研讨，为本课题的研究提供论证资料和理论引导。

4. 开题论证会，邀请专家参与课题相关的概念界定，帮助确定研究方向、思路等。

(二) 正式研究阶段 (2017 年 3 月—2019 年 5 月)

1. 学习文献，开课题研讨会，整理幼儿规则发展的年龄特点及规则分类的理论。对教师进行幼儿规则感培养的理论文献综述培训，帮助教师从理论上了解幼儿规则意识发展的年龄特点，确定各年龄段幼儿规则培养内容。

2. 教师们通过共同讨论探究对不同年龄的幼儿存在哪些规则要求，从规则的类别和是否明确，要求两个维度对幼儿规则进行整理，进而完成幼儿规则理解与执行情况的评估问卷。

3. 各班级的幼儿教师通过对幼儿的观察，对幼儿的规则理解及执行情况的评估问卷进行填写，并通过数据的统计对不同年龄段幼儿的规则意识发展情况，及男孩女孩的差异性进行更为深入的了解。

4. 进行"幼儿 VS 规则——对幼儿规则的理解""幼儿规则观察、分析及引导""幼儿社交规则的引导"等课题培训。

5. 从理论综述到数据收集，再到规则教育的实践实操，教师们结合自己的理论知识和数据结果，持续对幼儿进行观察，再结合实际工作中的经验，总结出规则观察记录 11 篇、规则策略整理 115 条 (大班 35 条，中班 40 条，小班 40 条)、规则教育案例 9 篇、规则相关文章及论文 14 篇、规则儿歌17首、规则故事11篇。其中一篇论文《做规则的小主人》发表在《幼儿教育·父母孩子》期刊上。

（三）课题总结阶段（2019年6月—2019年9月）

1. 参与课题人员收集、整理、分析研究资料。

2. 对研究内容进行全面总结，撰写课题结题报告《幼儿对规则的理解与执行力研究》。

3. 梳理总结研究成果，对教师撰写的案例、论文进行分类整理。

4. 组织课题结题会，邀请专家为结题报告、相关成果提出指导性意见。

5. 组织课题结题鉴定会，邀请专家鉴定课题成果。

三、研究计划的实施情况

在开题报告中提到本研究包括幼儿园及家庭两个研究环境，形成在幼儿园环境下对幼儿的规则引导策略及教育方案。但在实际研究过程中，因时间和精力有限，将研究的环境确定为幼儿园，重新明确本研究的研究目标。

1. 通过研究，确立幼儿各年龄段不同的规则内容。

2. 通过研究，了解幼儿各年龄段规则理解和执行的年龄特点。

3. 通过研究，总结在幼儿园环境下教师对幼儿进行规则引导的有效策略。

在专家的指导下，课题组已顺利完成以上研究目标，形成课题研究报告《幼儿对规则的理解与执行力研究》，以及论文、观察记录、案例、教案等研究成果。

四、研究成果

1. 主要成果为《幼儿对规则的理解与执行力研究》。

2. 王婷婷的论文《做规则的小主人》发表在《幼儿教育·父母孩子》期刊上。

3. 规则论文代表作：《论利用有效策略培养小班幼儿规则》《幼儿园中班规则意识的培养》《论幼儿园大班幼儿规则养成策略》。

4. 教案：《漏嘴巴的大公鸡》。

五、主要成绩与效益

通过研究，进一步发现幼儿规则教育需要尊重幼儿的心理年龄发展特点，并且去观察幼儿对于规则的理解情况，对于幼儿违规行为通过观察去分析原因。

本研究过程中，针对幼儿园一线在岗教师进行了课题培训与课题研讨，教师在研讨中加深了对幼儿心理发展水平和发展需要的理解，更深入地了解了幼儿主体性的教育观念，在理解幼儿的基础上进行教育，并且开始尝试使用更适合和更有效的规则引导策略。

因本次课题研究的地点设置在幼儿园内，通过研究人员与教师观察、记录、讨论、实践等方式进行，提高了幼儿园老师的理论素养，并且为一线教师提供了有效的教育经验与培养策略，也促进幼儿建立更好的规则意识与行为，为幼儿自然健康地成长提供了便利条件。

六、研究工作中主要存在的问题

1. 本研究对于规则执行的调查研究较多，对规则理解的研究仍比较薄弱，在后续研究中有待继续进行。

2. 此次课题研究的地点设置在幼儿园，通过教师观察、记录、讨论、实践等方式进行，但幼儿的家庭环境及父母的教养方式对幼儿成长也是会有很大影响的，对幼儿的家庭环境的研究有待继续进行。

3. 对问卷的数据分析和统计相对较为简单，在后续研究中需要再进一步分析。

四、结题意见书的填写

结题意见书需要供鉴定专家阅读并填写鉴定意见，这是课题结题通过与否的证明材料。让专家通过文字快速地了解了课题的基本信息、研究的成员、研究的成果、研究的价值和创新点、工作过程及变更情况等等。

不同的课题管理部门提供的鉴定书的内容板块可能稍有不同，以北京市学前教育研究会"十三五"课题为例：包括封面、基本情况、成果主件提要、研究工作报告、鉴定情况、结题情况。每部分需要注意的地方如下。

1. 封面

封面填写的内容包括课题名称、课题编号、课题负责人所在区、所在单位、填写时间等。填写的内容要整齐规范，填写的字体、大小、对齐方式一致，尽量不跨行。

【例5】"北京市学前教育研究会'十三五'立项课题"研究成果鉴定与结题意见书的封面。

"北京市学前教育研究会'十三五'立项课题"
研究成果鉴定与结题意见书

课题名称　＿＿＿＿＿＿＿＿＿＿＿＿＿＿＿＿

课题编号　（即"立项通知书"上的编号，必须填写）

课题负责人　＿＿＿＿＿＿＿＿＿＿＿＿＿＿

所在区县　＿＿＿＿＿＿＿＿＿＿＿＿＿＿＿

所在单位　＿＿＿＿＿＿＿＿＿＿＿＿＿＿＿

填表时期　＿＿＿＿＿年＿＿＿＿＿月＿＿＿＿＿日

北京市学前教育研究会
年　　月

2. 基本情况

提交鉴定的成果名称包括成果主件与成果附件，主件写研究报告《课题的名称》，附件与研究报告里的附件名称一致。课题组主要成员名单里有一栏是职务职称，填写职务或职称即可，首选填职称。承担任务填写该成员在课题研究过程中的工作，例如"撰写开题报告""实践研究""成果梳理"等。从整体来看，课题研究中所有环节的工作要能从表中找到对应的负责人员。

【例6】 课题"幼儿园科学区活动材料投放及教师支持策略的研究"结题意见书，其中的"基本情况"栏。

基本情况		
提交鉴定的成果名称：	成果主件	研究报告《幼儿园科学区活动材料投放及教师支持策略的研究》
	成果附件	1. 论文6篇（已发表1篇） 2. 图书《幼儿园科学区材料投放与活动开展指导手册》第二章"科学区材料的投放与研究"，第三章"科学区活动观察案例" 3. 由科学区活动生成的主题活动获奖案例
原计划成果形式		研究报告，论文，观察案例，手册
原计划完成时间		
通讯地址		邮编
联系电话与手机		

课题组主要成员名单			
姓名	工作单位	职务职称	承担任务

3. 成果主件提要

北京市教育学会学前教育研究会对"十三五"课题的结题意见书要求（其

他课题管理部门的要求有相似之处，仅供参考）：成果主件提要不超 1 000 字，包含的内容有研究的主要结论与观点；研究方法的主要特色与创新；研究的突破性进展；学术及实践价值的自我评价；成果的社会影响；需要进一步研究的问题；今后的研究设想。

这是原始表格里的说明和要求，研究者要按要求、按顺序逐一填写，以便于鉴定专家阅读。

【例 7】课题"幼儿对规则的理解与执行力研究"结题意见书，其中的"成果主件提要"。

内容提要：研究的主要结论与观点；研究方法的主要特色与创新；研究的突破性进展；学术及实践价值的自我评价；成果的社会影响；需要进一步研究的问题；今后的研究设想。

一、研究的主要结论与观点

课题组对不同年龄段幼儿规则理解与执行力的特点，以及教师在进行规则教育过程中的原则和方法得出如下结论。

（一）幼儿对规则理解与执行力的特点

幼儿对规则理解与执行呈现出不同的年龄特点，会随着年龄的增长而提高，在中班阶段会有"波动"的现象，且幼儿规则意识的发展水平存在性别差异。

（二）基于幼儿心理发展特点的规则教育原则解析

1. 尊重幼儿的主体性，规则教育应以幼儿为中心

（1）规则教育应以幼儿发展价值为主导，管理价值为辅。

（2）幼儿应参与制定规则的过程，成为规则制定的主体。

2. 规则教育应以幼儿心理发展特点为基础

（1）注重观察，分析幼儿违规行为背后的原因。

（2）擅用游戏的方式，让规则教育融入幼儿游戏中。

3. 规则教育应具有整体观

（1）规则教育贯穿在幼儿一日活动中。

（2）注重适宜幼儿生活环境的营造。

（3）注重幼儿人际环境的营造。

（4）注重家庭与幼儿园共育。

4. 幼儿园规则教育的具体策略

（1）运用多种方式帮助幼儿理解规则。

（2）善用环境线索辅助幼儿执行规则。

二、研究方法的主要特色与创新

本研究采用了文献法、观察法、调查法、行动研究等多种研究方法相结合的方式，既有前人关于幼儿规则理解与执行力方面的理论基础沉淀，也有对幼儿在实际活动中行为表现的观察归纳与总结。通过对幼儿教师的问卷调查，来收集幼儿规则理解与执行特点的数据，分析不同年龄幼儿对规则理解与执行的特点，还有"计划—行动—观察—反思—再计划"的行动研究过程，凸显了行动研究的特点。

三、研究的突破性进展

（1）研究发现，幼儿规则教育需要尊重幼儿的心理年龄发展特点，并且需要观察幼儿对于规则的理解情况，对于幼儿违规行为通过观察去分析原因。

（2）在研究过程中，针对幼儿园一线在岗教师进行了课题培训与课题研讨，教师在研讨中加深了对儿童心理发展水平和发展需要的理解，更深入地了解儿童主体性的教育观念，在理解儿童的基础上进行教育，并且开始尝试使用更适合和更有效的规则引导策略。

四、学术及实践价值的自我评价

（1）学术价值：本研究全面了解并总结幼儿对规则理解与执行的发展特点，并进一步补充幼儿规则教育发展的理论研究，为日后的幼儿教育活动提供更加丰富的学术依据。

（2）实践价值：对幼儿规则理解与执行的研究，有助于我们发现幼儿规则发展的规律，帮助幼儿园教师根据幼儿的年龄、心理特点和特征因材施教，着眼于幼儿规则意识与行为的培养。

五、成果的社会影响及应用

因本次课题的研究地点设置在幼儿园，通过研究人员与教师观察、记录、讨论、实践等方式进行，这提高了幼儿园老师的理论素养，并且为一线教师提供了教育经验与培养策略的参考，也促进幼儿建立更好的规则意识与行为，为幼儿自然健康的成长提供了便利条件。

六、需要进一步研究的问题

本次研究的内容较多，今后应加强从幼儿角度出发，更细致地选择幼儿规则理解或执行的具体部分进行研究，选择一个年龄段与一个活动方式深入研究，以及针对教师的某一类引导策略进行深入研究。

七、今后的研究设想

今后可以选取幼儿园某一固定的年龄段的幼儿，选择与该年龄段幼儿密切相关的一个活动形式进行细致深入的研究，并考察教师在活动中的引导策略对幼儿的影响。

4. 鉴定情况

鉴定情况包括鉴定专家、鉴定意见、学术指导委员会意见。研究者需要填写鉴定专家的基本信息。

5. 结题情况

结题情况由结题资料、学术指导委员会结题意见、研究会决定组成，其中研究者需要填写的是结题资料，所填写的内容与前文基本情况中提交鉴定的成果名称的内容一致。

五、课题成果鉴定评估标准

不同的课题管理部门对课题成果鉴定评估标准稍有不同，综合不同的标准，可以得到以下要点（研究者可以在开展课题的过程中用这些标准来反思课题开展的意义，评估课题的质量，进而对课题如何开展有更深刻的理解）。

1. 价值与意义

课题的价值与意义可以从这几方面来判断：选题有现实性或前瞻性；课题指导思想正确，符合国家的幼教方针与政策；研究成果是否有助于教育理论的丰富；研究成果是否解决了教育实践问题，提高了教育质量，有应用前景。这些集中体现在研究报告中的"问题提出背景及研究意义"和"研究成果"中。

2. 可行性

可行性包括：研究的内容具体明确，研究范围适中；研究思路和步骤清晰，可操作；研究保障可以支持课题的开展。这些在申报课题之前就要思考清晰。

3. 科学性

课题开展的科学性可以从这几方面来判断：研究的问题真实、明确（主要对应研究报告中的"问题提出背景及研究意义"以及"研究目标、内容"）；理论依据明确，文献梳理充分（主要对应研究报告中的"文献综述及研究的理论依据""核心概念界定"以及"参考文献"）；研究方法的运用能够解答研究的问题（主要对应研究报告中的"研究方法""研究过程"以及"研究成果"）；结论合理可信（主要对应研究报告中的"研究成果"）。

4. 创新性

创新性是课题开展的重要意义所在，如果没有创新性则意味着在重复前人的研究成果，就没有研究的必要。创新性可以从这几方面来判断：研究取得突破性进展，提出了新的教育理论，丰富和发展了某种重要的教育理论或学说，引领学术发展；成功运用新的研究方法或技术；获取了大量第一手资料和事实；形成了新的教育成果；形成独到的见解。

5. 规范性

规范性可以从这几个方面来判断：研究报告的书写格式符合标准，结构完整，用词规范；研究方案详细具体，操作性强；核心概念明确、合理；论证严谨，逻辑性强。规范性与科学性有紧密的联系。

第七节　课题成果应用与推广

前面的章节已经提到，课题成果的应用与推广是检验幼儿园课题研究成效的一个重要标准，在课题结题阶段，评审单位也会对课题成果的社会影响及应用情况进行鉴定评估，而且课题成果的应用推广对教育教学实践会产生一定的影响，因此我们要重视课题成果的应用与推广。课题成果的应用和推广是教育研究转化为教学实践的必要手段，也是实现教育研究价值的重要途径，所以要充分利用和挖掘优秀的课题研究成果，通过各种途径和形式加强推广应用，以促进教育研究真正服务于教学实践，服务于幼儿园品牌建设，服务于教育发展需求。对课题成果应用与推广的内涵、意义、类型以及实施途径与步骤等方面具体说明如下。

一、课题成果应用与推广的内涵及意义

（一）内涵

课题成果的应用与推广是指将课题研究成果（思想、内容或方法，对幼儿园来说更多的是实践研究成果）采用论坛交流、现场观摩、经验分享、成果展示等形式进行展示与推广，以期给其他教育工作者和实践者带来一定的启发和借鉴，使之内化为教育理念的更新，或者外化为教育教学行为的改进。同时课题成果的应用和推广可以因范围的不同、面向对象的不同而有不同的目的，并采取不同的方式进行，课题成果推广与应用的主体有教育行政部门、教育科研机构、幼儿园园长以及一线教师队伍等等。

（二）意义

课题成果的推广与应用非常有意义。首先，课题成果的推广与应用可以普及教育研究的理论知识。经过专家鉴定和实践验证的课题成果，可以让更多同行学习借鉴。其次，课题成果的推广应用可以吸引更多志同道合的同行一起深

入研讨，进一步检验成果价值，丰富推广和发展成果内容，共同促进课题研究的专业发展。最后，课题成果的推广与应用可以避免重复研究而造成人力、物力、财力的浪费，同时还可以带来一定的社会效益和经济效益。

二、课题成果应用与推广的类型

（一）基础型研究成果

基础型研究成果是回答"是什么""为什么""怎么样"的问题，用于转变人们的教育观念，掌握和遵循教育中的规律和原则，如研究得出的新的思想、观点、理念、原则、原理、功能、特征等等，有学术论文、实验报告、调查报告、教育评论等呈现形式。同时研究成果中所蕴含的科学思维方式也可以启发广大教育工作者持续改善自己的思维方式，即用新的视角去分析和解决教育教学中的新情况。

如课题"幼儿生命教育规律与活动实践的研究"中阐述了"生命教育"的内涵，即"狭义的生命教育是一种生命意识或者说是生命观的教育。教育学生认识生命、尊重生命、热爱生命，进而珍惜生命。思考生命让人体会到生命深层的意义，在这个基础上认识生命、欣赏生命、探索生命、热爱生命等"。并明晰了"生命教育"的意义：幼儿生命教育作为一个对大多数教师来说比较新的概念和领域，幼儿园里的生命教育的关键问题是在实践中作为教育活动主体的幼儿与教师需要共同成长，一方面通过生命教育相关的师资培训（如儿童观、儿童心理学和相应教法）和宣讲，为幼儿园和教师践行生命教育提供切实有效的支持；另一方面，根据3～6岁幼儿的身心发展特点选择适宜的教育内容和实施途径，促进幼儿在生命教育过程中情感态度与价值观、知识与技能、过程与方法三位一体的发展。分析了已有的幼儿生命教育研究开展的怎么样，深入挖掘了如何有效开展"幼儿生命教育"的内容与方法，最终达成了"生命教育"教学实践在幼儿园课程中的落地。

（二）应用型研究成果

应用型研究成果是研究人员根据有关教育理论，联系自己的经验，结合课题研究的内容，研究出操作性强且实用的途径、方法和策略，重在解决"怎么办"和"怎么做"的问题，是为了解决教育教学中的实际问题，其呈现形式有研究日志、教育叙事、教育案例、教学课例、教学反思等等，如课题《促进幼儿好奇心发展的教育实践研究》的成果，有《幼儿好奇心的探索活动案例集》（小班，中班、大班）、《幼儿好奇心发展的科普手册》以及相关的教育观察笔记、教育随笔，这些课题成果中所包含的新颖而实用的策略，方法和手段加以归纳总结都是可以推广和应用的。

（三）开发型研究成果

开发型研究成果是根据教育实际情况，对教育应用成果进行技术加工改造和批量生产，扩大该成果的使用范围，以获得商业价值和经济效益，如教科书、教学辅助材料、教育用具等等，这都是重要的教育文化产业。如从课题"幼儿园科学区活动材料投放及教师支持策略的研究"这一成果中转化而来的图书《科学区材料投放与活动开展指导手册》，经出版社出版后，能够服务更多的专业人群，并带来较好的推广效果。

课题成果的这三大类型在不同层次的教育研究、功能定位、成果形式等方面有显著差异，但又密切联系，基础型研究成果可以为应用型研究成果和开发型研究成果提供理论依据和事实基础；而后两者可以进一步丰富、发展和深化已有的基础型研究成果；基础型研究成果还可以将应用型研究成果和开发型研究成果作为中介，从而实现成果转化，同时通过各种媒体宣传扩大社会影响，让更多的幼儿园受益。

三、课题成果应用与推广的条件

课题研究"如火如荼"开展，看上去非常热闹，但绝大多数最后成了"自产自销"的行为，真正能够在教学中去实践应用或产生特别广泛影响的研究成果却凤毛麟角，所以不是所有的课题成果都有被应用和推广的现实可能性。那么，课题成果要推广和应具备哪些条件呢？

1. 课题成果的成熟性

课题成果的成熟性是指课题成果经过教育实践或逻辑上的反复论证与验

证，研究方法合理、数据完整、结论可靠，具有良好的重复性和再现性，再加上能够操作规范、简便易行，这样的课题成果才具有推广与应用的价值。

2. 课题成果的实用性

对于课题成果而言，考察它的实用性主要是看成果会不会更新教师的教育观念，改变实际教学实践，促进教学质量有效提高，提升园所整体保教质量。实用性是课题成果应用与推广的根本。

3. 课题成果的可行性

课题成果的可行性是指在现有的主客观条件下切实可行、理论简洁明确、实际操作上相对简便易学。可行性是实现教学实践不断改进和完善，幼儿和教师、教师同行之间共同成长与发展的重要保证。

四、课题成果应用与推广的途径及步骤

(一) 课题成果推广与应用的途径

课题成果主要通过直接或间接两种途径进行推广与应用。

1. 课题成果的直接推广与应用

由教育管理及研究部门、专业推广组织以及各类幼儿园，甚至广大教师主办或倡议，有目的地组织推广与应用，主要包括以下几种方式。

（1）课题成果的园本应用与实践

课题成果一般都是根据幼儿园的实际情况提出来的，所以课题成果要更多地服务本园，促进教育教学质量的提升，同时要保证课题成果应用的有效性。能够经受实践检验的课题成果才是科学的、有价值的。主要有 3 种应用形式：

第一种，课题成果可以转化为可操作的产品，这类操作材料能帮助教师在操作实践中认识、理解成果，也能促进成果的发展创新。

第二种，课题成果可以转化为园本课程，结合幼儿园教学实践而建构的园本课程对形成幼儿园园本特色有促进作用，例如中国科学院幼儿园的课题"开发家长、社区科学教育资源途径与方法的研究"，其成果就转化为园本课程《快乐玩科学》，该课程有效地促进了中国科学院幼儿园科学特色的发展。

第三种，课题成果可以转化为教师的培训教材，从课题科研成果转化而来

的教师培训教材，具有科学性、系统性、有效性的特点，能有效地促进教师专业能力的提升。

（2）课题成果教育教学推广与演示活动

幼儿园通过精心制作的课件、教学活动录像带以及现场教育教学观摩等形式向同行展示与推广，可以让人充分了解和掌握课题成果的基本内容与方法。例如课题"对幼儿的规则理解与执行力研究"的成果中，教师指导策略有效地促进了教师的专业成长，提升了家长满意度，幼儿园就对其中教师指导策略中的互动游戏、故事、儿歌等内容，采用现场演示的形式向其他幼儿园加以推广。

（3）开展课题成果传、帮、带推广与应用活动

依托本园的骨干、积极分子开办培训班，直接传授给其他教师，通过传授，帮助、带动全体教师积极主动地推广课题成果，提高教育教学质量，这是最直接、简便、常用的推广与应用形式。如课题"中华优秀传统文化融入幼儿一日生活的行动研究"的应用与推广中，幼儿园梳理出了中华优秀传统文化如何巧妙地融入幼儿一日生活的园本化课程，并在实践中取得了良好的效果。同时在推广与应用过程中，教师积极传播传统文化、共同学习、年级组之间分析总结成果，共同分享传统文化如何渗透到一日活动的方法、策略，在具体教学实践中，骨干教师先行带头展示与经验分享"以优带新""以老带新"，促进了教师的专业能力与教科研能力发展，提高了教育教学质量。

（4）课题成果专题研讨会、展示会

由教育管理及研究部门、专业推广组织支持、举办学术年会或专题成果讨论会，召集推广对象代表参加，选择优秀教育教学成果进行总结报告，大家一起评价与研讨，肯定成果推广的意义与作用；也可由相关教育行政、研究机构或学术团体的支持，开展课题研究的幼儿园承办专题研讨会。可以说这类专题研讨会使得幼儿园在获得他园研究与实践的先进经验的同时，进一步推进本园的研究与实践，组成了"学习共同体"，达成了推广与应用的"双赢"效果。另外，还可以举办一系列的课题成果展示，如命名为《孩子的一百种语言》的瑞吉欧教育展览已经巡回全球展出多次，不断向世界各国展示他们的成果，从而引起全球教育界的瞩目。

2. 课题成果的间接推广与应用

由教育管理及研究部门、专业推广组织以及各类幼儿园向教育报刊、出版社、广播电视台等推荐，广泛宣传并扩大推广面，实现成果推广与应用的目标，其形式主要有纸质类和音像类两大类。

（1）纸质类

如出版的教育教学专著和论文、成果汇编的案例集与方案等，这些都是"符号化"的间接推广与应用，其优点是存储容量大，具有快捷、简便、不受时空限制等优点，方便应用者学习与借鉴，这一类成果在成果输出中具有巨大的发展潜力。

（2）音像类

如录像、光盘甚至线上音频、视频课程等，其优点是形象逼真，利用现代先进教育技术手段，广大教师可以随时地收听与收看（观摩），从而结合自己的教学实际进行吸收、内化，丰富了相关的教育教学经验。

（二）课题成果推广与应用的"三步走"

为了更好地保证课题成果推广与应用的有效性，课题成果可以通过"三步走"——准备、实施、总结，循序渐进地来实现。

第一步：课题成果推广与应用的准备。

一般课题的推广准备，需要建立课题成果推广的相关组织，组织相关人员深入学习理解成果内容，还要制定周密的推广计划（宏观层面和微观层面）。如，宏观层面上以市、区级（总课题组）制定的推广计划给出统领的要求和指导方向；而微观层面上幼儿园（分课题组）制定的推广计划要做到具体、细致、操作性强，方便教师掌握和运用。课题成果推广准备的主要内容有：根据推广课题，什么经验解决什么问题；解决问题的假设、方法、步骤；解决问题中有什么新的发现、新的创意、新的思考，还有参与推广人员的分工等等。

第二步：课题成果推广与应用的实施。

课题成果的推广应用一般要经过"传播—感知—接受—内化—应用—产生效益"等几个环节。因为人们的接受并产生效果不是一下子能完成的，需要一定的时间来慢慢、吸收、运用，那么这个阶段推广者就会通过各种途径和媒体向他人宣传来扩大影响，比如成果报告会、现场观摩会、办班培训、专题研讨、电视、书刊等形式，都能从不同的广度和深度上影响成果推广的效果。

第三步：课题成果推广与应用的总结。

课题成果的推广应用总结（或报告）有两种类型：第一种是课题组的总结报告，能全面反映成果推广应用，包括推广应用目的、推广应用过程、推广应用效果、推广应用思考等等。第二种是不同层面的推广应用总结，包括教学实录、案例、专题总结等等，具体反映推广应用过程中的认识、实践、反思。

五、课题成果应用与推广的注意事项

（一）选择适宜性

在已形成的课题研究成果中，受种种主客观条件的限制，并不是所有研究成果都适宜推广。只有精心选择有利于解决共性问题、具有一定的前瞻性、容易理解、便于操作且有较高推广价值的研究成果，才有可能保证推广应用研究的可行性。如幼儿园在成果应用之前要考虑是否要设立试点园或实验班，充分考虑在多大的范围内进行推广，这样可以避免出现某个课题研究的成果还没有得到论证就大范围实施的现象。

（二）注重规范性

课题研究成果应用与推广要注意保护、尊重知识产权，如可以通过正式出版、公开发表、申请著作权、申请专利等方式来保护知识产权。尽量在做好这些措施后再推广，避免产生纠纷或被剽窃。同时成果发表也要遵守学术规范，对引用他人成果的部分要按照规范注明出处，避免陷入抄袭的误区。

（三）把握灵活性

课题成果的应用与推广不是机械的操作，它是变化的，应用与推广过程中的灵活性调整能起到润滑的作用。如对一个教学操作材料的应用，要根据本班幼儿的不同水平、不同特点要进行灵活地教学，符合幼儿个性化操作和使用，这样课题成果的实用价值才会更大。

（四）保证效益性

我们正处在知识经济时代，教育教学研究成果走向市场是发展的必然趋势，也是课题成果体现其社会价值和经济价值的过程。同时，为了持续地保证课题成果的效益性，可以把成果推广盈余的经费再用于教育研究，这样不仅可以提高研究的持续发展，还可以促进更多新课题成果的问世和转化，取得良好的"研究"效益。

第八节　课题推进的保障

为保障课题研究的顺利实施，幼儿园可以从文化氛围营造层面、组织建设层面、管理制度建立层面，以及档案建设层面，分别采用不同的办法来保障课题研究工作科学、规范、有序、有效地开展。

一、营造主动研究的文化氛围

文化是一种无形的力量，会对人会产生潜移默化的影响，所以幼儿园园长要重视幼儿园课题研究的文化建设，形成研究的氛围，用文化来推动教师研究的主动性，激发教师自主成长的内在动力。尽管每所幼儿园都有自己独特的文化，但是如何形成研究的文化氛围有以下共性特点。

安全开放：团队中的每一位成员都敢于表达自己的想法，敢于争论，能够畅所欲言。

尊重信任：团队中的每一位成员都是平等的，相互尊重，相互信任，能够坦诚的沟通，愿意为别人提出建议，也愿意接受别人的建议。

积极主动：团队成员积极主动学习、思考、研究，而不是被动地等待安排任务。

目标一致：团队成员具有共同的目标——为了解决教育实践中的问题而共同努力。

那么研究的文化氛围如何营造呢？

一个坚定的眼光，一句激励的话语，就可以营造出安全、温馨的心理环境，信任是激励教师成长的巨大精神力量。

作为幼儿园的管理者，还可以时常反问自己："我是否给老师们营造了安全开放、尊重信任的氛围？""我是否鼓励老师们大胆的表达自己的想法？""我是否给老师们提供了自主学习、研究的时间和空间？""我是否让老师根据自己的兴趣、专长、需要来自主选择课题？"通过对这些问题的反思起到提醒自己的作用，并在言行上作出调整改变，这样老师们就会逐渐形成积极思考、喜欢研究、主动研究的习惯，幼儿园的研究氛围就会日渐形成。

此外，要有意识地为教师提供展示交流研究成果的平台，既让教师感受到自我价值的实现，也有利于形成你追我赶、积极向上的研究氛围。

二、建设专门的课题研究组织

幼儿园教育科研工作需要从组织建设层面加以完善，课题研究组织的建设能够为幼儿园课题研究工作的有序、顺利开展提供保障，有条件的幼儿园可以设置专门的教科室（教研中心），条件还不成熟的幼儿园可以成立课题组。

1. 幼儿园教科室建设

根据幼儿园的实际情况和需要，可以设置专门的科研组织——教科室，教科室由园长或业务园长主管，并配有专职的管理人员，同时吸收幼儿园里有一定研究能力的老师加入。

幼儿园教科室的职能：

● 制订幼儿园课题研究发展规划。

● 承担幼儿园的国家、省、市、区级课题方案的制订、论证、申报、实施及管理。

● 负责园级课题的审批、论证和成果鉴定、评奖。

● 对幼儿园的各项课题进行全程跟踪、检查与指导。

● 围绕课题，组织各种园本研究活动和园本培训活动。

● 定期组织课题组汇报课题研究进展。

2. 幼儿园课题组建设

课题组是幼儿园课题研究工作开展的核心力量，由对课题研究有意愿、有一定研究能力的园内管理人员、教师组成，其中一人作为课题负责人，一人作为课题组组长，其余作为课题组成员，课题组成员根据实际的贡献可以分为主研究者、参加成员两大类。

课题负责人全面负责课题研究的各项工作，充分调动课题组每一位成员的积极性，共同完成课题任务。

（1）课题组组长的职责

● 承担或参与承担课题主要研究任务，确定课题研究工作开展的年度目标、任务、内容、措施。

● 协调组织课题组成员，定期开展科研活动，如专题研讨、课堂教学的观摩研讨、教育理论与政策的学习、与课题有关的科研信息等等。科研活动的开展既能保证课题研究计划顺利实施，也能为课题组成员创设相互交流讨论分享的空间，成员相互启发，得到新的发展，产生友情和群体归属感。

● 加强与各管理部门之间的联系。

● 检查课题研究工作落实情况，及时解决存在的问题。

● 收集反馈信息，取得研究效益。

● 合理分配和使用科研经费，充分发挥科研设备的作用。

● 总结课题研究经验，推广园本研究成果。

（2）课题组成员的职责

● 认真实施课题计划，并及时上交专题总结、教案等过程性材料。

● 积极参加市、区、园所组织的科研活动。

三、建立科学规范的课题管理制度

为了强化教师参与课题研究的意识，充分发挥课题研究在教育中的作用，使课题研究工作逐步实现规范化和科学化，幼儿园要建立课题管理的制度，比如定期学习的制度，课题立项、实施、结题的管理制度，考核制度，经费管理制度等。通过建立科学、规范的课题管理制度，可以为教师的专业成长提供保障。

1. 定期学习的制度

（1）每学期有针对性地举办专题讲座，及时提供动态的科研信息，开拓教师的眼界，打开研究的思路，提高教师的理论水平和课题研究能力。定期组织课题组教师相互学习。学习的内容可以是教师自己撰写的研究论文、观察记录与反思、教育笔记等等，这种学习对于帮助教师总结科研成果、反思教育行为有很大的帮助，也有助于教育科研资料的积累和成果的总结。

（2）保证每学期科研活动的时间，可以在每个月固定一天为"科研日"，每一次科研活动做到人到、心到、口到，并做好相应的记录。

需要注意的是课题组的学习、研讨、专题活动的设计都要紧密围绕课题研究的重点展开，这样才有利于提高课题组的研究效率，拓展研究的深度，保证能够取得有价值的研究成果。

（3）外出参加科研培训不无故缺席，不迟到、不早退，并做好详细记录，培训后及时向园领导汇报活动要点，并及时传达科研信息和内容。

2. 课题立项的管理制度

（1）全园教职工均有资格向园教科室提出课题申报意向，并以书面形式提交教科室。教科室定期组织课题立项活动，活动的时间可以参照课题立项机构的时间，如中国学前教育研究会"十三五"课题的立项时间是 2016 年，结题时间是 2019 年。

（2）幼儿园教科室根据立项原则确定部分课题为园级课题，在园级课题中推荐部分课题申报区级、市级及国家级课题。

（3）课题立项的原则有以下 3 项。

可行性原则：课题研究人员应具有一定的课题研究能力和深入开展研究的精力，能制定出合理的、操作性强的研究方案。

实用性原则：强调课题研究对本园的教育改革和发展有现实指导作用，对提高教师的业务水平有切实的促进作用。

科学性原则：课题研究的指导思想正确，研究目标明确，立项根据充分。

（4）各立项课题必须填写申报表，并制定课题研究计划交给教科室保管。

3. 课题实施过程的管理制度

（1）每学期制定阶段性课题研究计划，按时写阶段性研究总结，总结本阶段或本年度研究所取得的成绩，总结和提炼在理论与实践探索中的教育教学经验，认真解剖研究过程中存在的问题，研究解决问题和困难的对策，明确下一阶段的研究任务、重点工作。

（2）定期研讨，对课题相关材料进行收集、整理，及时记录课题研究工作的进展情况，定期向教科室汇报。

课题研究的资料按照研究的不同阶段来划分，主要有以下 3 类。

①课题研究前期的资料：

● 课题申报表

● 立项证书

● 开题报告

②课题研究中期的资料：

● 照片、录音、录像

● 培训、会议记录

● 调查问卷

● 访谈提纲、访谈记录

● 研究课教案、典型课纪实、课后分析研究记录、游戏及区域活动的设计实施方案、幼儿活动的情况

● 观察量表、观察记录、视频

● 教育随笔、教育日志、学习笔记

● 专题讲座、专题报告、专题研讨

● 实验情况分析

● 论文

● 教学设计及教学案例

● 公开课、自制课件

● 各项专题性报告

● 阶段性总结

● 阶段工作总结报告

● 中期评估报告

③课题研究后期的资料：

● 调查研究报告

● 实验研究报告、实验工作总结报告

● 课题结题报告

● 研究成果鉴定与结题意见书

● 课题研究工作报告

● 论文集

● 案例集

● 幼儿发表、获奖作品

● 出版专著、自制教材

● 幼儿、教师和幼儿园各类获奖证书

● 结题证书

（3）课题实施过程中，召开课题开题论证会、中期交流会、结题总结会。

4. 课题结题与鉴定管理的制度

（1）凡符合结题条件的课题，向教科室递交《课题研究结题报告》，由教科室负责鉴定工作。园级以上课题由上级教科研部门给出鉴定。

（2）课题的成果形式有教育科研论文、教育专著和教育产品等等，幼儿园有权对成果进行推广。

5. 考核评价制度

（1）课题组长负责对各课题成员的考核，课题负责人负责对课题组长的考核，教科室负责对课题组长的考核，园长负责对教科室主任的考核。

（2）考核的标准可以从课题研究计划的制订与执行、科研活动的组织与实施、课题研究资料的收集整理和归档、课题成果的推广和应用等方面进行考核。

（3）教师在课题研究上取得的成绩将作为幼儿园对其工作考核的重要依据之一，也作为评选先进的依据。

（4）考核评价的注意事项

①课题研究是分阶段进行的，每个阶段都有不同的重点工作内容，因此考核评价也应当分阶段进行。

②应承认和关注教师的个体差异，避免用统一的标准评价不同的教师，倡导评价方式多样、评价标准多元。

③评价要以激励和促进为主，为促进教师的发展服务。用激励性的评价让教师的研究价值得到最大化体现，让更多的教师体会到课题研究成功的幸福感。可以开展教学技能竞赛、环境创设比赛等评优活动，这些多角度的评优活动重在考察教师参与课题研究的主动性和积极性，关注教师的专业能力和实践智慧，发现教师身上的闪光点，让更多的教师获得成功感，满足他们的发展需要。

6. 经费管理制度

（1）教科室划出一定经费作为立项课题研究使用。教科室监督经费的使用，课题结束或中止时，由课题负责人向教科室书面报告经费的使用情况。

（2）课题经费必须精打细算，专款专用，并严格遵守财务制度。经费使用范围为：专家咨询费、资料费、外出调查的费用等等。

（3）若发现课题组有经费使用不当、研究工作不得力的现象，教科室有停止经费拨发和取消该项课题的权利。

四、建设规范完整的课题研究档案

课题研究档案的建设对教师的专业发展和幼儿园的发展都有重要的意义。课题研究档案能让教师的课题研究站在一个较高的起点上，站在前人的肩膀上向上攀登；课题研究的档案资料能为研究者提供事实依据，研究者对所积累的经验进行提炼总结，研究水平得到不断提升。课题研究档案能让新任园长清晰地了解本园课题研究走过的历程，让幼儿园的课题研究可以做得更深更实、创新性更强，为本园的可持续发展奠定扎实的基础。

课题研究档案如何建设才能更加科学、规范呢？把收集到的课题研究资料分门别类存放在不同的档案盒里，可以按照材料的种类进行分类，如有的材料是管理类资料（申报表、立项通知书、开题报告、结题报告），有的材料是过程性材料（录音、录像、案例、随笔、观察记录、科研会议记录），有的材料是成果性资料（获奖证书、结题报告、专题性汇报总结、出版专著、发表的文章等等）。课题研究档案也可以按研究的不同阶段分类（课题研究前期、中期、后期），对于各个阶段中具有重要价值和意义的内容，要做到专人管理、专人整理。课题研究档案材料的收集可以定期进行，如在每个月的月底进行一次汇总整理，形成当月完整的档案。与此同时，电子资源也要做好留存，不同的内容建立不同的文件夹，文件夹标注好时间和内容，这样课题组就可以更方便地实现资源共享。

通过建立教师个人课题研究档案，可以丰富幼儿园的课题研究档案。教师在积累自己的课题研究资料过程中，能感受到自己的研究和工作实践是紧密结合在一起的，这样能进一步激发教师积极性，再总结反思，形成良性循环，不断促进自己的专业成长。教师将自己的档案定期进行梳理总结，并提交给课题

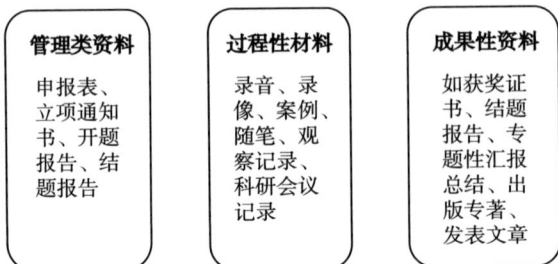

管理类资料	过程性材料	成果性资料
申报表、立项通知书、开题报告、结题报告	录音、录像、案例、随笔、观察记录、科研会议记录	如获奖证书、结题报告、专题性汇报总结、出版专著、发表文章

档案盒分类

组，这样就可以丰富幼儿园的课题研究档案。

在建设课题研究档案时，还要注意积累反思性资料。透过课题研究档案不仅仅能看到课题组所做的工作，更重要的是为后续的研究带来启发。以一次研讨会的记录为例，不只是记录某某老师说了什么，专家指导了什么等内容，还要包括研讨会方案的设想（比如，主题确定的依据是什么，选择哪种形式，哪些人员参加，邀请哪些专家等），参与者的体会、收获，对今后相关问题的启发与思考，还有哪些不足，下一步该如何调整，等等。通过反思性资料的积累可以更好地推动课题的深入开展。

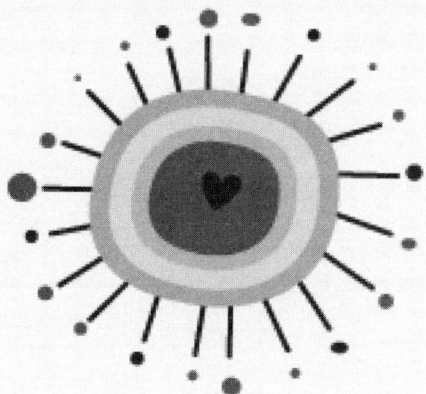

第四章

幼儿园课题研究中常见的
问题分析与对策

近年来，随着我国学前教育事业的不断发展以及新课程改革的不断深入，课题研究成为幼儿园教育发展不可或缺的组成部分，许多幼儿教师意识到课题研究的重要性，并将其作为提升自身专业发展的重要途径。从意识认知层面来讲，越来越多的幼儿园和一线教师提升了对课题研究的重视程度，加深了对课题研究的认识。然而在对一线幼儿园各岗教师的调研中发现，很多课题研究的参与者对于课题的深度认知和理解尚存在误区，同时在开展过程中也会出现不同程度的困难和问题。例如存在课题研究的目的性认识不够、研究意识较弱、对课题研究相关的理论知识和科研能力的缺乏、课题研究的信度与效度不强、课题研究成果不显著等问题。针对幼儿园课题开展过程中出现的各种问题，我们进行了分类与梳理并作出了解答。

第一节　对课题的认识

问题一：课题研究的目的是什么，就是为了幼儿园评级和教师职称晋升吗？

明确课题研究的目的是推动幼儿园课题研究有效开展的基本前提和意识保障。很多教师在面对"我们究竟为什么要申报课题"这一问题时，脱口而出的是"因为我们要上级、上类啊""这是幼儿园的任务，专家来了也要看的""评职称需要有证书，需要课题参与的证明"……大家自然而然把课题研究当作评级和职称晋升的重要手段之一，于是我们的课题研究很有可能在这样错误的认知中渐渐偏离其真正的科学意义与实事求是的精神。

有问必答：

明确幼儿园课题研究的目的，是为了解决教师在教育教学过程中遇到的真实存在的、亟待解决的问题，通过发现问题、寻找方法、实践探究等找到解决问题的答案，并应用于日常教育教学，提升教学质量，实现教育发现。而不仅仅是为了本园的评级与教师自身职称晋升的发展。

问题二： 教师的研究意识和研究能力不强怎么办？

提到课题研究，很多一线老师表示它离自己很遥远，并自然而然地将课题束之高阁，认为只有教研员或者"专家"才是课题研究的推动者和践行者。同时很多基层教师由于缺乏科研信心，认为自身的研究能力相差甚远，自身的理论水平和知识积淀也有待提升，从而盲目否定自我，缺乏研究意识和研究的主动性。

有问必答：

明确课题目标，增强课题意识；加强教师专业培训，提升教师综合素养。课题研究是发现问题、分析问题和解决问题的过程，这就需要教师具备一定的问题意识，能够及时捕捉日常教育教学过程中出现的有探究价值的问题，同时通过细致观察、记录、分析等方法明确问题的本质，找到解决问题的办法。要增强问题意识，就要做到以下几点：

（1）以小见大，"小题大做"

我们所说的"教师是研究者"以及希望教师把研究当作常态化的教学状态，并不是说每位教师都要成为课题的申报者，而是指教师要有研究的意识，善于从自身的教育教学中发现问题。这一点一线教师有更深刻的体会，只有探究日常生活中真实存在的问题、真正解决问题才能更好地使研究持续进行。而这样的问题往往是很微小的，又是十分具体的，但其研究意义有时却远胜于所谓的理论层面的"宏观"问题。以小见大，从微观的问题出发，把小问题真正解决好才是脚踏实地的研究行动。

（2）脚踏实地，追根溯源

教育研究需要脚踏实地、追根溯源。何为追根溯源？就是指教育教学要从身边的真问题出发，探究问题的本质意义。"真问题"是幼儿教师日常工作中真实存在的，同时又希望通过教学研究能真正解决的问题。对于在一线工作的教师而言，正是在工作中实实在在遇到的问题与困难才会让他们有持续研究并想要解决的动力。所以脚踏实地、研究真问题是教师们做课题研究应该始终保持的态度。

（3）持之以恒，潜心研思

真正做教育，从来都不是一朝一夕能够完成的，而是需要教师们静下心来，潜心研究，与实际相结合，思悟其中的道理。每一个教育行为与教育现象的背后都有其内在的意义和道理。然而当课题研究成为流行，课题研究的步伐走得过快、用力过猛时，一个课题研究结束的时候真正能留给教师的东西却少之又少，如过眼云烟，成为理论上的空谈，就更不用说将课题成果固化了。因而想要有真正成果并将其应用到日常生活中，形成常态化的课题研究，一定是日积月累、持之以恒的。

同时，为了课题研究的顺利进行，需要加强教师的专业培训，帮助教师学习先进的教育理念，掌握科学的教育方法，同时在教学实践过程中提升教育教学质量、提升教师的研究能力和综合素养。

问题三：　课题研究等同于教研吗？

很多教师在做课题研究与教学研究的时候存在一定的困惑，始终无法确定两者之间的关系，认为教研与课题好像在研究的过程中有很多相似的地方，也有着很多的联系，但在实践工作中又无法确定两者之间的具体关系，那么课题研究是否等同于教研呢？

有问必答：

教研是"教育研究"的缩写，是指总结教学经验，发现教学问题，研究教学方法。幼儿园的教研普遍是园本教研，是指在园内开展的以教师为主体的，基于幼儿园教学实践中出现的问题而进行的，旨在通过促进教师专业发展，提升幼儿园教育质量的行动研究。教研的目的不在于发现新的教育理论、策略，或者创造新的课程模式，而是在于帮助教师完善自身的教学实践、解决教育教学问题，提升园所教学质量。

课题研究是以教育学、心理学等理论为依据，研究幼儿园教育现象，运用科学的研究方法，以发现和认识教育现象的本质和规律，并以解决幼儿园教育实践问题为目的的创造性活动。

教研与课题研究二者具有一定的联系，相辅相成。教研与课题研究的研究对象和研究目的是相同的，都是为了掌握教育教学规律，提高教育质量。二者的研究方法和手段也有很多是相同的，如观察、调查等等。二者的联系还表现在教研是科研的重要经验基础，教研是课题的重要来源。一个课题的选择与确定是建立在解决教育教学中遇到的问题的基础之上的。教研为课题研究提供丰富的素材，同时教研质量的提高又为课题研究的深入开展奠定基础；而课题研究的科学性又能够进一步指导和支持教研工作的顺利展开，推动教研的成果导向。

二者的区别体现在以下几个方面：

（1）研究的范围有区别

课题研究的范围很广，包括了一切教育现象和教育过程以及与教育有关的自然现象、社会现象和心理现象。而教研主要研究教学的内容、教学过程、教学方法等方面。

（2）研究的过程有区别

课题研究是有目的、有计划、连续、系统的过程，它包括课题的确定、开题、制定周密的研究计划、实施计划、开展研究、得出科学的结论、撰写研究报告或研究论文、组织课题成果鉴定，并在新的实践中加以检验等过程，而一般的教研则不需要这么严密、系统的过程。

（3）研究成果的价值有区别

课题研究的成果具有一定的规律性和创造性，反映共性的、具有普遍意义的、能够在一定范围内运用的经验。而一般教研的成果则具有教师本人的特征，具有特殊性和具体性，其普遍性和应用价值受到一定的限制。

问题四： 结题就等同于写一篇论文吗？

一提到课题的结题、成果等等，很多教师便自然地想到学术论文，认为结题就是撰写一篇结构完整、逻辑思维清晰、内容详尽的研究论文，或是形成专著、成果集来提炼和体现课题研究的价值与意义。也有的教师认为与一个课题相关的论文发表越多、内容越丰富代表该课题研究越有价值。

有问必答：

课题结题报告的内容主要包括课题研究的背景、课题研究的目的与意义、课题研究的主要内容、课题研究的方法、课题研究的过程、课题研究的成果、课题研究的反思与总结等等，其中，课题研究成果是核心部分。论文只是体现课题研究成果的表现方式之一，它的内容主要包括引论，本论（论点、论据、论证）和结论。对于幼儿园的课题研究来说，除了论文，还有更多的成果表现方式，如在课题研究过程中教师们生成的课例集、观察记录、反思随笔等都可以成为课题成果的表现载体，再比如教育调查报告、教育案例、教育研究日志、个案研究报告等。由于幼儿园课题研究的特殊性，相对于论文的严谨和枯燥，正如陶行知先生的生活教育理论所倡导的教育思想一样，发生在教师与幼儿之间的生活案例也是课题研究成果的体现，且这种体现更带有温度，也更容易被理解并产生共鸣。

第二节　课题研究的科学性

问题一：　课题研究目标如何制定？

课题研究的目标是相对具体、明确的，课题研究的目标指引着课题研究的方向，也是课题研究最终要解决的问题。很多教师在制定课题目标的过程中会出现一些共性的问题，如目标过大、过空，这类目标在表述中往往体现为"提升……理念""构建……模式"……还有的目标与实际相脱离，与研究内容游离，没有将研究内容与目标相对接。

有问必答：

课题研究的目标是课题开展想要达成的预期目的的具体化和明确化表述，也是课题研究的方向指引和想要解决的问题。课题目标的制定需要考虑两个方面，一方面是课题本身的需要，也就是课题想要达成的预期成果；另外一方面是容易被忽略的课题研究的实际工作条件与水平。如课题"中华优秀传统文化融入幼儿一日生活的行动研究"目标的制定：

（1）通过研究，初步摸索出符合本园实际的、具有操作性的、符合幼儿年龄特点的中华优秀传统文化资源，丰富幼儿园的课程资源。

（2）通过研究，初步探索幼儿园在一日生活中开展优秀传统文化教育的有效途径与方法。

问题二：　如何确定适宜的研究方法？

课题研究方法是表明课题如何研究，也就是解决问题时拟采用的方法。关于研究方法，很多教师在选定的过程中会出现不同的问题，例如，不了解研究方法的类型，对各类常用的教育研究方法不熟悉，或者选用了不适宜的研究方法。

有问必答：

课题研究成果的取得与研究方法是分不开的，想要获得有用的研究成果，一定要运用正确的研究方法。科学地运用研究方法是有效进行课题研究的必要条件之一，常见的幼儿园课题研究方法主要包括文献法、观察法、调查法、经验总结法、个案研究法、行动研究法等方法。

在选用研究方法的时候要了解各个研究方法的特点和功能，例如文献法、观察法、调查法，这类的研究方法是为了了解研究对象与本课题研究相关的原有认识和经验而收集的资料和数据，对课题不产生过多的干预和质变，理论性较强的课题研究适宜采用此类研究方法；而像实验法、行动研究法则是对研究的对象采用带有一定预期和目的性的干预措施，以验证课题研究能否达到预期的效果。相对应的，实践类的课题研究多用到此类研究方法，如"关于幼儿坐姿矫正的研究""关于青年教师教学行为优化的实践研究"。

在选择研究方法的时候需要考虑的因素有两点，除上述谈到的课题性质外，还有一个容易被教师们忽视的因素就是幼儿园现状和教师的实际情况。近年来，幼儿园的课题研究大多是在实践中尝试和开展的，这会受到幼儿年龄特点的影响，直接感知、实际操作、亲身体验是更加适合幼儿的操作方法。因此，教师们更倾向于从实践探究中寻找答案，所以更多用到的是行动研究和实验法。研究方法的选择并不一定是唯一的，往往是多种方法相结合，根据课题的具体内容，教师要学会选择合理的研究方法，使之取长补短，综合运用，真正发挥"1+1＞2"的整体效果。如课题"幼儿对规则的理解与执行力的研究"对于课题研究方法的选择：

（1）文献法：通过调查文献获得幼儿规则培养方面研究资料，系统了解前人在幼儿规则理解与执行力方面的研究成果，吸收其中有价值的信息，作为本研究的理论基础。

（2）观察法：通过观察不同年龄段的幼儿在幼儿园和家庭活动中对规则理解和执行力方面的表现，提出相应的规则内容，并将观察所得的、幼儿在实际活动中的行为表现作为活动方案设计的情景参照。

（3）调查法：通过对幼儿教师和家长的问卷调查，提出幼儿园和家庭规则培养的内容及有效策略。

问题三： 研究方案预期的效果没有达到怎么办？

很多教师在进行课题研究的过程中会有这样的困惑：实际达到的课题研究效果与预期的效果相差很远。教师们期望在课题研究的过程中实现的一些效果难以达到，或者说阶段性的成果没有得以实现。面对这样的问题我们应该作出哪些思考和调整呢？

有问必答：

当课题研究的过程中发现预期效果没有达到时，需要反思课题研究目标的制定是否合理，研究的内容是否将研究目标做了很好的转化分解，研究方法是否合适、是否符合课题本身的特点，还要反思在实践中是否有效地落实了研究计划。反思之后，要对研究计划、预期成果或下一步的行动方案进行适时、适当的调整，这样才能使得课题研究在教育教学实践中发挥成效。

第三节　课题实施中的问题

问题一：课题研究实施与推进过程中可根据实际情况调整研究方案吗？可否变动题目、目标、研究方法等？

在课题研究实施与推进的过程中，有时会出现一系列问题，例如进行到一定阶段时发现最初定的课题名称不合适，或者是目标不合适，或者是当时设计的研究计划不合理等问题。在这样的情况下能否进行相应的调整往往是教师感到困惑和纠结的问题。

有问必答：

在课题开展过程中，可以根据题目和目标适当地调整方案计划和研究方法，但题目和目标是不能随意变动的。如北京市学前教育研究会"十三五"课题在结题时明确要求，课题如有变更需提交研究变更情况说明书。这就要求教师在申报课题时，认真思考做详细周密的准备：筛选研究问题、确定适宜的课题研究题目；收集与课题有关的知识，作好文献综述；明确课题研究的基本方法，作出适宜的选择；明确课题研究的基本过程，把握课题的发展方向。

问题二：　如何保证课题研究的持续稳步推进？

随着课题研究的进行，不同课题研究的进程会呈现出不同的样态，而教师要做的就是保证课题的持续稳步推进。当阶段性成果逐步实现的时候，又该如何推动课题研究的持续进行呢？

有问必答：

根据课题计划和方案设计的内容，课题负责人需要在落实计划的各个阶段进行合理安排，其中包含各阶段调查问卷的发放、回收及时间安排，实践中的课题活动、实验过程、活动组织。在各个阶段的活动当中需要保留过程性及成果性的数据和材料，如照片、会议记录、参会人员、会议研究结论及成果等等，这些都会成为课题结题时的成果。

在课题研究的实施过程中，管理者与课题组成员分别担任不同的角色，并承担相应的任务。只有课题组成员各司其职、共同合作才能更好地推进课题的稳步开展，达到事半功倍的效果。例如，在遇到问题时以集体讨论或小组探讨的形式进行交流，课题组成员之间相互配合。在课题的持续推进中，可以通过定期举行会议的方式进行汇报交流和衔接，课题组成员之间的有效合作将极大地推动课题前进。

问题三： 课题研究的过程中管理者如何进行有效的管理？

在课题开展过程中什么是有效的管理，作为课题管理者应当具备怎样的宏观把控能力，才能给教师们提供有力的支持和帮助呢？

有问必答：

1. 形成系统的课题管理办法

（1）形成课题管理制度

课题的顺利开展离不开规范的管理制度。在课题研究的过程中，为了更加有效地推进制度的落实，首先应制定合理有效的制度。例如，幼儿园课题资料收集办法、档案管理办法、课题组成员学习与交流制度、责任到人制度、课题研究的奖评制度等制度。

（2）明确并规范课题开展流程

课题研究的开展过程是明确的、系统的、规范的这主要体现在研究计划上，研究计划的制订与细化是保障课题稳步推进的前提。研究计划的制订要根据课题的内容细致的划分，理论上以年度计划、学期计划、月计划、周计划的形式呈现，但在课题推进的过程中，可以根据实际情况做细微调整。同时要确定课题研究的重点与难点，学会抓重点解决主要矛盾，活动紧密围绕重难点展开，从而提高课题的研究效率。要将课题研究与园所教科研相结合，有效地将课题研究融入到幼儿园一日教育教学中，真正把课题研究落到实处。还要及时做好阶段性总结，梳理课题阶段性成果，并进行成果展示与推广。

2. 及时收集研究资料

课题研究资料对于课题的开展和结题都有着重要的作用，一方面研究资料对于课题的进一步开展起到了指导与推动作用，是研究过程的理论依据和理论支撑，同时也是课题开展的过程性记录，因而研究资料的收集是不可缺少的。

在收集研究资料时需要注意以下问题：对收集到的资料进行筛选、分类、归纳整理，留下重要的、可用的研究资料，将零散、杂乱的资料整理得系统、有序。针对研究目标，对材料进行分析，找出材料中有规律性的内容，作为研究成果的部分框架。

问题四：课题研究过程中教师如何提升自身专业素养，加强理论支持？

在课题研究的过程中，教师往往会面临诸多问题和疑惑，想要启发幼儿的创新意识和探究精神，提升探究能力，却时常感到心有余而力不足，在引导幼儿的过程中自身也存在着困惑，对于与课题相关的跨学科理论与知识也并不明确。例如，在做种植相关课程研究过程中对植物的特性认知经验不足。

有问必答：

想要给幼儿一杯水，教师往往需要一桶水。我们在做任何课题研究或者教育教学的过程都是一个不断学习、不断提升自我的历程，在这个过程中教师该如何更好地提升自身的专业素养，加强理论学习呢？

（1）树立终身学习的理念与意识

在理论与实践的交融与碰撞过程中，只有不断地进行自我反思、树立终身学习的意识，才能在学习后及时内化、吸收。教师的自我学习不仅仅体现在专业方面，还渗透在各个领域，要把不断学习作为自身发展的源泉和动力。这就需要教师们在丰富自身专业知识的同时广泛涉猎社会科学和自然科学的专业知识，以更好地满足教学需要。

（2）互动交流，取长补短

互动交流是帮助教师进行思想碰撞、提升自我认知、推动教育教学研究的有效方法之一。在课题研究的过程中要充分发挥骨干及优秀教师的辐射引领作用。例如，可以师徒结对，主动向有经验的教师请教学习，通过观察、模仿、探究、反思等方法汲取有效经验；也可以利用名师工作坊的形式，充分发挥幼儿园内具有特长教师的优势与长处，带动其他教师成长；幼儿园内也可以举办互动教研交流活动，利用多种交流方式，帮助教师们从不同的角度理解和认知教育教学过程，互相取长补短，碰撞出不同的思维火花。

（3）充分发掘和利用有效资源

善于发现和利用身边的有利资源，支持教育教学的顺利进行与开展。例如，教师可以充分挖掘家长资源。家长来自不同的领域，从事不同的职业，对于其相关领域的专业研究相对深刻，我们可以根据实际情况开展"家长进课堂"、实地参观考察等活动，充分发挥家长资源优势。

问题五： 如何更好地将课题研究与日常教育教学相结合？

业内一直在讨论课题研究，也一直在做课题研究，课题研究与教育教学究竟有着怎样的关系？课题研究与教育教学是相辅相成的，课题研究是为了解决教育教学中出现的问题，是对教学现象的探讨与验证；而教育教学是课题研究的载体，课题研究是通过教育教学来实现的。那么，如何更好地将课题研究与教育教学相结合呢？

有问必答：

要将课题研究"日常化"，这是教师意识层面和实践探究层面都需要作出的努力。课题研究的理想状态是在自然状态下完成的。从教育教学中发现问题，运用课题研究解决问题，这是研究与行动的相结合。这也是为什么近年来幼儿园在做课题研究的过程中更偏爱行动研究的原因——将课题研究真正落实。

行动研究包含 3 层含义：第一层是为行动而研究，其内涵是指为了解决教育教学中出现或者存在的某种问题，帮助幼儿获得更好的发展；第二层是指对行动的研究，课题研究的对象来源于实际生活，要以实践为依托进行研究探讨；第三层是指在行动中研究，说明课题研究是在教育教学实践中进行的，教师一方面是课题的研究者、组织者，另一方面也是课题的实践者。

课题研究来源于日常教育教学，就在我们身边。在日常教育教学过程中，教师们如果针对自己遇到的"真问题"尝试开展相应的探索活动、按照科研规范和研究的路径尝试去解决问题，依据其本身的意义都可以作为课题研究。

第四节　课题成果的有效运用

问题：如何让课题阶段性成果显著？

课题的阶段性成果是指课题研究开展过程中，对该阶段已经形成的成果进行总结整理并以多种形式进行表述。其表述形式有论文、教育调查报告、教育案例、教育研究日志、个案研究报告等等，也包括教师在教育教学过程中书写的观察、反思等等。教师需要明确的是，课题研究成果不一定要以大篇幅的论文形式来展现，关键在于在研究过程中及时将研究成果整理归纳。

有问必答：

（1）制定明确的课题研究阶段目标

想要达到预期的成果，要有明确的阶段目标。目标是指引课题研究的方向，也是课题开展的前提。研究者首先要有明确的目标和方向性引领，在预设目标的指引下结合课题开展过程中的实际情况，进行合理调整。

（2）选取适宜的课题研究方法

课题研究方法包括文献法、观察法、调查法、经验总结法、个案研究法、行动研究等方法。不同的课题研究方法具有不同的特点，适用于不同的课题类型和课题研究对象，要想取得良好的课题研究成果需要选取适宜的课题研究方法。

（3）及时将课题阶段性成果整理归纳

课题成果的表达形式是多样的，但很多教师在做课题阶段性成果归纳时认为只有多发表论文才是课题成果的突出表现。除了论文还有很多成果呈现方式，教师要善于从日常的教育教学中归纳整理课题研究成果，如教育案例集、教学随笔、教学反思、个案研究报告等材料，都是课题研究成果的表现形式，这些产生于日常生活中对实际问题的探究往往更具有现实意义，也正是与日常生活紧密结合在一起的教学实践研究才是科研活动的出发点和归宿。及时将课题研究成果整理与归纳，能够使课题阶段性成果更加显著，也能够帮助教师更好地回顾总结，并做好下一步课题开展工作。

附　录

附录 1　中国学前教育研究会"十三五"课题指南

中国学前教育研究会"十三五"课题指南（节选）

一、指南说明

在国家《规划纲要》和《国十条》的基本精神引导下，我国学前教育事业发展迅速。在扩大教育资源，普及学前教育的同时，《3～6岁儿童学习与发展指南》的贯彻实施，又在提高幼儿园保教质量方面起到了巨大的推动作用。如今修订以后的《规程》也已颁布实施，学前教育将全面进入提高质量的关键时刻。中国学前教育研究会第八届理事会决定研究制定并发布中国学前教育研究会"十三五"课题指南，以引领全体会员和全国学前教育工作者在"十二五"期间工作的基础上，根据本地、本校、本园的实际问题和实际需要、实际能力、实际条件开展新一轮的研究。

中国学前教育研究会"十三五"课题指南的研制依然秉承以往的基本思路和基本原则，凸显现实问题，指明研究方向，提供参考选题，既有适合大专院校（包括高职高专）教师及教研科研人员申报的选题，也包括适合行政管理干部、幼儿园园长及教师、报纸杂志编辑等有关人员申报的选题。

"十三五"课题指南在"十二五"课题指南和研究成果的基础上，对原指南中的选题进行了增删和修改，有些选题已有很好的成果产出，有些选题虽然重要尚无研究，有些选题虽已有研究成果，但仍需进一步深入研究。我们欢迎同一个选题的多项研究。同时也鼓励团体和个人基于以往研究的基础和要解决的实际问题，自拟研究题目，以激发广大会员参与教育研究的积极性。

二、指南课题目录

（一）学前教育事业发展与管理

本方向涉及学前教育事业发展现状和存在的主要问题、各地针对具体的问题进行的政策探究和实践探索；幼儿园发展的现状和存在的问题、在幼儿园管理过程中针对具体问题开展的研究和探索；学前教育机构保教质量评价与监控的研究。

1. 幼儿园评估督导的现状、问题及对策研究
2. 学前教育事业发展规划的编制与执行研究
3. 学前教育管理体制与机制研究
4. 民办幼儿园的发展与管理研究
5. 发展农村学前教育的途径与方法研究
6. 农村学前教育质量保障机制研究
7. 学前教育片区教研责任制研究
8. 幼儿园教师地位待遇保障研究
9. "二胎政策"影响下的幼儿园办园规模和规划布局研究
10. 普惠性幼儿园的基本标准和维持体系研究

（二）学前儿童发展与教育

本方向涉及学前儿童身体、认知、情感和社会性等方面的发展以及各种有利于学前儿童发展的培养策略的研究。

1. 幼儿科学探索能力与学习方式的研究
2. 幼儿科学领域的"核心经验"及其获得方式研究
3. 幼儿数学学习策略研究
4. 幼儿想象力发展的支持性策略研究
5. 幼儿审美能力与创造力发展的实践研究
6. 幼儿园汉语和少数民族语言双语教学研究
7. 幼儿学习品质的培养研究
8. 婴幼儿情感情绪表现及教师回应策略的研究
9. 幼儿行为观察与分析研究
10. 幼儿对于规则的理解与执行力研究
11. 幼儿交往与合作能力的发展与培养研究

（三）幼儿园健康与安全教育

本方向涉及幼儿园卫生保健制度建设、运动能力促进、良好习惯养成以及安全教育与健康保障等方面的研究。

1. 幼儿园安全制度建设现状与对策研究

2. 幼儿园保育保健质量评估体系研究

3. 幼儿健康行为与健康教育研究

4. 0～3 岁幼儿的健康教育研究

5. 农村幼儿的健康现状与教育研究

6. 幼儿户外运动场地、设施的规划研究

7. 幼儿园保健老师的专业发展研究

8. 幼儿园安全教育中的问题研究

9. 因地制宜开展体育活动实践研究

10. 幼儿园户外活动的现状调查

11. 幼儿运动能力与身体素质的调查研究

(四) 幼儿园的课程

本方向涉及幼儿园课程的现状与问题、幼儿园课程的改革和发展、幼儿园教育活动的组织形式与方法策略、幼儿园课程资源的挖掘与利用以及幼儿园教育环境的创设与利用等研究。

1. 幼儿园课程方案的审议与监管研究

2. 幼儿园课程领导力研究

3. 幼儿入学准备期教育的研究

4. 幼儿园混龄教育的课程研究

5. 幼儿园课程资源开发与利用研究

6. 幼儿园活动区活动的现状、问题与对策研究

7. 幼儿园课程游戏化研究

8. 各领域教育实施的有效途径和整合方法研究

9. 幼儿园课程环境的合理创设和有效利用研究

10. 基于保教融合的幼儿园一日生活的研究

(五) 游戏与玩具研究

本方向涉及幼儿园游戏的现状与问题、幼儿园游戏的创新与发展、游戏材料的开发与利用以及幼儿园教玩具的开发与利用等研究。

1. 幼儿园玩教具基本配置的研究

2. 有特殊需要儿童的支持性游戏研究

3. 不同年龄段幼儿游戏特点及指导策略的研究

4. 游戏中的幼儿学习、发展评估与支持研究

5. 插塑游戏与积木游戏中的幼儿行为比较研究

6. 沙水游戏的辅助材料投放与幼儿行为关系的研究

7 幼儿园区域活动的材料投放研究

8. 幼儿文学作品鉴赏与表演游戏的开展研究

9. 益智区材料的投放方式与幼儿行为的关系

10. 幼儿合作游戏的年龄特点及其促进研究

11. 农村大班额背景下游戏活动的开展研究

12. 幼儿混龄游戏中的同伴关系研究

（六）家庭、幼儿园、社区协同教育

本方向主要涉及幼儿园与家庭、社区在学前教育儿童教育领域的相互支持、协作与配合研究，关注幼儿园、家庭与社会协调教育的现状，研究幼儿园、家庭与社区有效配合的途径与方法。

1. 家、园、社区协同教育研究

2. 幼儿园家庭教育指导策略的研究

3. 现代技术在家园沟通中的作用与问题研究

4. 幼儿园教师的家长工作能力研究

5. 小班幼儿入园适应期的家长辅导研究

6. 大班幼儿入学准备期的家长指导研究

7. 幼儿园家委会的工作职能的实践研究

8. 家长参与幼儿园教育的有效途径研究

9. 幼儿园如何开好各类家长会的研究

10. 家园关系对幼儿行为影响的研究

11. 家园沟通的内容、途径及其形成合力的有效性研究

（七）教师专业发展与教师教育

本方向涉及学前教育师资职前培养与职后培训的现状、问题及改革措施研究，学前教育师资的专业成长规律及专业标准研究，各类教师教育机构的课程

与教学研究以及我国学前教育教师教育体系的建立和完善的研究。

1. 各国幼儿园教师政策、法律的研究

2. 学前教育专业的办学资质与标准化研究

3. 高职高专学前教育专业生源质量调查与分析研究

4. 学前教育专业初中起点五年制专科培养模式研究

5. 学前教育全日制专业硕士培养研究

6. 卓越幼儿园教师成长规律与促进机制研究

7. "互联网＋"背景下教师专业成长研究

8. PLC 背景下的幼儿园教师专业发展研究

9. 园本研修与幼儿教师专业发展

10. 幼儿园教师的激励与评价研究

11. 早期教育（0～3）教师的培养与在职培训研究

12. 学前国培针对性和有效性的实践研究

13. 不同办园体制下幼儿教师生存状态的研究

14. 基于幼儿园实践的教师发展评价研究

附录 2　开题报告（节选）

中国学前教育研究会"十三五"研究课题

开题报告

课题名称：园内种植区中幼儿观察能力培养的支持策略研究

课题编号：＿＿＿＿＿＿＿＿＿＿＿＿＿＿＿＿＿＿＿＿

课题负责人：刘乐琼　　朱玉妹＿＿＿＿＿

所在单位：中国科学院第三幼儿园

开题日期：2016 年 12 月 26 日

中国学前教育研究会

2017. 10

　　本课题以幼儿园种植区为主要研究场所，预期通过对环境和教学两方面的支持策略研究，引导幼儿对植物的观察兴趣，初步培养幼儿的科学观察能力及其科学态度和科学精神；预期通过提升区域（种植区）教学质量带动幼儿园科学教育内涵的发展，并促进儿童科学能力的提升。预期形成切实可行的教学方案及工具，通过对课题成果的推广，促进中国科学院幼儿园科学教育体系的建设，并为教师专业成长提供有效支持。

一、课题提出的背景

（一）培养幼儿观察能力是提高幼儿整体科学探究能力的基础

　　发展初步的探究能力是幼儿科学学习的核心，而观察能力是科学探究能力不可或缺的组成部分。从科学探究的角度来说，自古至今，无论科学技术如何发展，科学水平如何提升，"观察"这一行为始终是科学探究的重要环节和方法。从肉眼观察到应用高精仪器进行观察，观察能力始终是幼儿科学学习过程中必须使用的技能。

从幼儿发展的角度来说，幼儿的逻辑推理能力有限，认知过程更多依托于具体形象思维，更适合通过直接感知、亲身体验和实际操作进行科学学习。因此，幼儿需要具备一定的观察能力，课题通过创设环境，引导幼儿直接的观察行为，从而去获得科学知识和经验，进而促进幼儿思维发展和认知发展。

（二）研究将挖掘和发挥种植区应有的科学教育价值，推进幼儿园教育的内涵发展

种植区作为幼儿园科学领域的活动区之一，被赋予了培养幼儿科学素养、发展幼儿科学探究能力的教育期望。然而，已有研究表明，幼儿在种植区中更多的是无目的的短暂观察和无意识摆弄[①]，传统种植区教育对幼儿的科学学习缺乏有效的支持。这种缺乏体现在两个方面。

一是种植区环境创设不足以支持幼儿的科学学习。传统种植区中的植物选择过于随意，结构单一，不够丰富，环境创设的无序使得种植区不足以成为支持幼儿科学探究的、有准备的环境，影响种植区发挥其应有的教育功能。

二是种植区教育缺乏系统、科学的体系支持，在幼儿观察能力的培养上呈现低效能。其一，传统幼儿园课程体系中，幼儿缺少与环境的互动，学习观察知识和技能的方式过于片面，缺少直接观察和探索的机会，这并不符合幼儿的思维发展特点，因此，种植区的教育支持体系存在效能低下的问题。其二，幼儿园种植区的教育体系多依托学前教育的理论和实践，以及教师的通俗经验，而非植物学的系统学科知识，这二者之间存在专业性上的显著差距。从植物学学科的角度来说，这样的种植区教育缺乏科学性，直接影响幼儿获取与植物相关的关键经验和认知。

区域建设是幼儿园内涵发展和教学实践的重要组成部分，因此，创设有准备的种植区环境、探究种植区在幼儿观察能力培养方面的适宜有效的支持策略，对幼儿园内涵发展有着重要、积极的意义。课题将研究放置于幼儿园的种植区，预期通过植物科学、教育研究等方式共同建构有层次、科学合理的植物种植策略、观察策略和教师指导策略，使种植区的教育价值得以充分发挥。

---

① 刘占兰. 幼儿园科学教育资源［M］. 北京：人民教育出版社，2014.

二、课题的研究范围与概念界定

（一）课题研究范围

本课题以幼儿园为研究场地，以园内小班、中班、大班设置的植物区为课题开展的环境，研究对象为3～6岁幼儿及其教师。研究目标是在植物区的活动中培养幼儿观察能力，并探索有效的教育和环境策略。

（二）课题概念界定

通过资料查找和理论分析，结合幼儿园教育实践与本研究的目标、内容，将课题涉及的概念界定如下。

1. 种植区：种植区也叫植物区，是幼儿园活动区域之一，是教师根据幼儿的年龄特征和发展水平，以培养幼儿的科学探究能力（本课题重点是培养幼儿的观察能力）、发展幼儿的科学认知为主要目标，有计划地养育或指导幼儿养育植物以供幼儿学习和探究的环境。

2. 观察能力：指的是全面、准确、深入地认识事物特点的能力。在幼儿园阶段，观察能力指的是幼儿能够综合运用感官，感知事物、全面且深入地认识事物特点的能力。

3. 支持策略：本研究中，支持策略是指教师在种植区环境创设、引导行为、教学设计上所采取的方法和方案等，其目的是为了激发幼儿对植物的观察兴趣、引导幼儿在观察的过程中感知科学核心概念、培养幼儿的观察能力和科学精神。

三、国内外研究进展综述

（一）幼儿园区域活动的研究进展

目前国内研究认为，区域活动在组织实施过程中存在的主要问题有：对区域活动的认识有偏差、材料准备和投放差强人意、区域设置形式化、区域活动条件创设不利、区域活动中存在高控指导和放任自流的指导[①]。

对区域的材料选择和投放上的研究提出创设有效的区域空间的几个条件：

---

① 李会敏，季燕. 幼儿园区域活动组织实施的现状调查［J］，山东教育（幼教刊），2006（Z6）.

区域空间内容来源于教育目标、要美观和实用、指示清晰明确、能够吸引幼儿主动参与、能与幼儿发生互动、能保证幼儿专注活动①。

对区域活动中教师的指导行为的研究建议在区域活动中，应调整活动区评价指标，使其成为教师评价的依据；建议目标意识，作为教师指导计划性、步骤性的保障；提高幼儿游戏水平等②。

对区域活动的生态式视角的研究。秦元东、王春燕提出生态式区域活动在空间的拓展、时间的灵活、内容的深化和品质提升等方面都超越了原有的幼儿园区域活动③。

（二）幼儿观察能力及发展的研究

观察力是指对客观存在的事物进行实质性与规律性的分析与判断的能力，是指有目的、有计划，比较持久的感知活动，是知觉的高级形式。随着幼儿语言和思维的产生和发展，他们的感知活动逐渐受到语言和思维的支配和调节，发展成为一种独立、相对稳定的目的性和方向性的过程。它是在综合了视觉、听觉、触觉、嗅觉、方位和距离知觉能力、图形辨别能力、认识时间能力和思维能力等多种能力基础之上发展起来的。幼儿时期是观察能力形成的重要时期，幼儿观察能力的培养和发展在幼儿教育中具有重要的现实意义。

幼儿进行科学探究的基本过程分为 5 个阶段④，这 5 个阶段也分别对应了幼儿科学探究的 5 种能力，分别是科学观察与比较能力、科学记录能力、科学猜想与验证能力、科学表达与合作能力、使用科学工具的能力。

1. 幼儿观察能力的概念与发展特点

观察是一种有计划、有目的、有组织、比较持久的高级知觉过程，是人类对客观世界的主动认识过程。观察力是智力的一个重要组成部分，是一切能力发展的基础。我国心理研究工作者（姚平子，1987）根据观察的有意性对学前儿童的观察力发展提出了"四阶段说"。第一阶段（3 岁）：不能接受所给予的观察任务，不随意性起主要作用。第二阶段（4～5 岁）：能接受任务，主动进

行观察，但深刻性、坚持性差。第三阶段（5~6岁）：接受任务以后，开始能坚持一段时间进行观察。第四阶段（6岁）：接受任务以后能不断分解目标，能坚持长时间反复观察。

幼儿的日程观察有以下几个特点：

笼统：幼儿观察事物，往往有两种偏向，即注意轮廓，忽视细节；或者注意某些细节，而忽视整个轮廓。观察笼统的特点，与幼儿的注意、幼儿的体验有密切关系。那些生动的、容易为幼儿抓住的事物，那些容易引起幼儿自我体验的事物，往往首先被幼儿观察到；还与另一个因素有关，就是观察的目的性，幼儿观察的目的性比较差，他们凭兴趣观察事物，常常没有预计的目的。

不稳定：由于幼儿观察缺乏目的性，观察过程中受周围情景的干扰大，加上注意不稳定，所以，他们的观察活动往往不稳定。研究表明，3~4岁幼儿坚持观察图片，一次的持续时间平均只有6分8秒，5岁增加到7分6秒，6岁可达12分3秒。总的来说，幼儿持续的观察时间都比较短。有关眼动轨迹的研究，也能说明幼儿观察的不稳定性。通过专门的装置，可以记录幼儿在观察图形时的眼球瞳孔运动轨迹。结果表明，3岁幼儿观看图形时，眼动轨迹杂乱无章，视线或者停留在图形的某个部位，或者在某个部位来回扫视，而不会沿图形的轮廓移动；4~5岁的儿童眼动的轨迹，则逐渐符合图形的轮廓，但仍有不少错误；6岁儿童的眼动轨迹，已经能够基本上符合图形的轮廓。可见，儿童要到幼儿期末，才能按照一种合理的顺序，稳定地观察事物。

不深入：幼儿容易观察事物的表面现象，比较肤浅、粗泛抽象概括思维能力的组织和指导，因而很难把观察引向深入。

缺少观察方法：幼儿喜欢观察，但却不知如何科学地观察。

2. 培养幼儿正确的观察方法

学前阶段的幼儿在各方面的行为发展变化较快，可塑性很强，这对教师的指导提出了较高的要求，若要培养幼儿的观察能力，首先要指导幼儿使用正确的观察方法：

（1）顺序法：顺序法指按照一定顺序进行观察，其特征是从远到近，从整体到局部、从局部到整体、从上到下，从明显特征到不明显特征。应指导幼儿学习从上到下观察，从远到近观察，这样幼儿在用语言描述所观察的结果时，就不会出现零乱、重复、遗漏的现象。

（2）比较法：比较法指对两个或两个以上的事物和现象比较他们的不同点和相同点，让幼儿进行判断、思考，从而正确、细致、完整地认识事物。在幼儿观察的过程中，有些现象难以发现或者容易忽视而难以完成整个观察的过程。因此，采用比较观察法，就可以很好地解决这个问题。

（3）表达法：表达法是指幼儿观察后，在教师的指导下通过讲述、绘画等方式表达自己的观察情况和感受。如观察各种各样的图形时，引导幼儿用语言描述他们观察到的图形的形状和颜色等，允许幼儿在观察中互相交谈，鼓励幼儿提出问题，使幼儿在讲、做、玩、想、唱的过程中，调动多种感官参与活动，既巩固了观察所得的知识，又加深了观察所得的印象，对事物的认识就更全面、更深刻了。

3. 幼儿观察能力的发展目标

根据《3～6岁儿童学习与发展指南》对幼儿科学领域的目标要求，各年龄段幼儿在观察方面需要达到以下目标：3～4岁，对感兴趣的事物能仔细观察，发现其明显特征。4～5岁，能对事物或现象进行观察比较，发现其相同与不同，并能根据观察结果提出问题，并大胆猜测答案。5～6岁，能通过观察、比较与分析，发现并描述不同种类物体的特征或某个事物前后的变化。

四、理论依据

（一）有效教学理论与掌握学习理论

有效教学理论阐明了有关最有效地获得知识与技能的方法规则，关心的是促进学习而不是描述学习。美国教育心理学家本杰明·布鲁姆有效教学理论的核心观点，是改进教学过程与方法，发挥学生的学习主动性和学习能力，以全面提高教学质量。同时，在布鲁姆的"掌握学习"理论中，他认为，积极的情感特征是学习的内在因素，学习者是否有兴趣、是否积极主动、是否有较高的学习动机，都能直接影响学习过程和结果。因此，激发幼儿的植物观察兴趣也是本研究的重要研究内容。

（二）布朗芬布伦纳的生态系统理论

生态系统理论（Ecological Systems Theory），也叫人类发展生态学理论，其创始人尤瑞·布朗芬布伦纳（Urie Bronfenbrenner）通过对生物体成长以及与其周围环境关系的研究，得到"有机体与其所处的即时环境的相互适应过程受各种环境之间的相互关系，以及这些环境赖以生存的更大环境的影响"。根据周围环境对有机体影响程度的不同可区别为微观系统（micro-system）、中间系统（meso-system）、外层系统（exo-system）和宏观系统（macro-system）。其中微观系统是与个体发展最紧密相关的环境，对幼儿发展来说，就是指直接与其进行互动、发生关系的家庭、学校。而家庭和学校之间的相互联系与作用构成了中观系统，外系统对个体的影响是通过内层系统对个体影响而达到的。种植区相较幼儿园其他环境和区域的独特之处在于：种植区中的植物是天然的，但是所有的植物及其生长都能体现教育性，因此，种植区创设是自然性和社会性结合的结果。此外，种植区应该是"流动"的，即根据幼儿的需求随时调整。可以看出，建构有层次的植物区，建构能够适应不同年龄幼儿发展需求的种植区，是生态系统理论的正确教育实践。生态式的科学教育观是指，幼儿科学教育着眼于幼儿生长的整个环境系统，着力打造以教育体系为主的中观系统和微观系统，借助中国科学院优势资源，纳入外系统和大系统是本课题研究的特色之一。

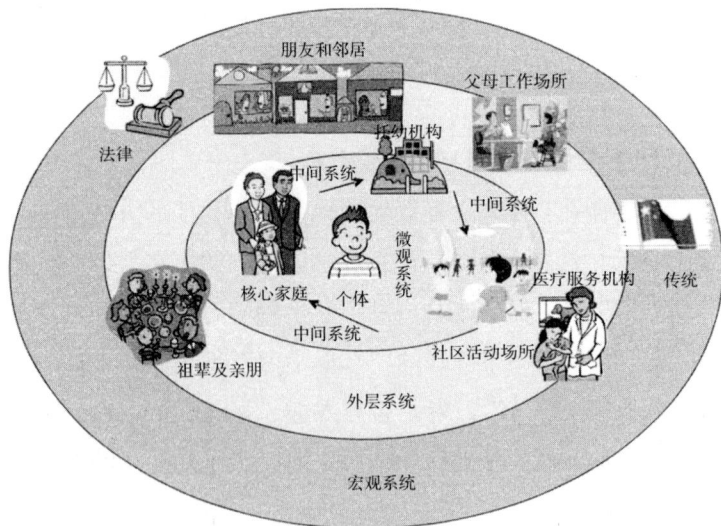

（三）皮亚杰的认知发展理论

幼儿正处于认知发展的前运思阶段（Preoperational Stage）（2～6岁、

7 岁）。儿童将感知动作内化为表象，建立了符号功能，可凭借心理符号（主要是表象）进行思维，从而使思维有了质的飞跃。其思维特点是：①泛灵论；②自我中心主义，儿童缺乏观点采择能力，只从自己的观点看待世界，难以认识他人的观点；③不能理顺整体和部分的关系；④思维的不可逆性；⑤缺乏守恒。

对幼儿来说最直接、最具体形象的学习方式是最适合他们的，也是幼儿最主动去参与的活动方式。幼儿有其自身认知发展水平阶段，有其自身的发展规律。教科研团队要认清这种认知发展水平的阶段特征，在教学活动中遵循幼儿的身心发展规律，尊重儿童主动学习的权利，要去给幼儿制造认知矛盾，给幼儿提供社会互动的机会。同时在课题研究和实践中要考虑儿童发展速度不同，存在明显的个体差异，在安排活动、设置环境和制定策略时应多考虑分散和小组活动，尽量为儿童设置个性化的活动难度，这样才能保证幼儿的有效学习。

（四）以《3～6 岁儿童学习与发展指南》作为实践指导

教育部最新发布的《3～6 岁儿童学习与发展指南》，关于幼儿的科学教育给出的教育建议是"经常带幼儿接触大自然，激发其好奇心与探究欲望。真诚地接纳、多方面支持和鼓励幼儿的探索行为。有意识地引导幼儿观察周围事物、学习观察的基本方法，培养观察与分类能力。支持和鼓励幼儿在探究的过程中积极动手动脑寻找答案或解决问题。引导幼儿在探究中思考，尝试进行简单的推理和分析，发现事物之间明显的关联。"本课题的研究思路与指南中所涉及的关于幼儿科学环境的创设和科学教育观都极为一致，回归了幼儿学习的本质和根源。

五、本研究的创新点

（1）从研究的人员组成上，引入植物学家，从学科角度规范和系统地创设植物种类、种植环境和工具。

（2）在幼儿观察能力培养上兼顾植物的自然性特征和教育的社会性特征，也就是科学性和教育性的结合，在幼儿能力培养上重视科学精神和科学态度的培养。

（3）研究讲究以时代和技术发展为背景，引入最新的科学理念、科学技术和研究手段，将智能植物培养皿、植物传感器等设施用于植物种植和培养。

六、研究思路、目标、内容和方法

(一)研究思路

总思路：邀请植物学家参与课题研究，形成自然科学研究、教育教学研究、一线教学三位一体的课题研究模式，在幼儿观察能力发展、教学策略、植物的选取和培养、环境创设的多个关键研究环节，保证成果的科学性和研究过程的可靠性。

(1) 以研究植物的自然特性特点为课题的切入点，从植物生长周期、植物生长环境、植物的重要特性开始，尝试投放不同类型植物，结合植物特点，进行有效教学策略的探索、开发。

(2) 将新技术、新理念应用于课题研究，提倡幼儿在观察活动中对工具、技术的使用，适应新时代儿童发展和社会发展的需要。

(3) 重视幼儿在植物区观察活动中的知识、态度和能力的培养，特别关注科学态度的培养，如好奇心、探究意识、坚持性、大胆质疑、创新意识等。

(4) 以成果推广为导向，也就是课题研究最终目的是为教育教学实践服务，因此课题重视收集资料、形成系统策略和方案，成果适合在不同的班级和幼儿园推广使用。

(二)研究目标

(1) 根据幼儿的年龄特点和植物学科知识，建构有层次、有准备的种植区环境。

(2) 在种植区的种植和养护植物的过程中，为小班或中班或大班的教师提供用于支持幼儿提升观察能力的活动方案以及其他支持策略。

(三)研究内容

1. 设置种植区环境和植物

(1) 根据植物学的学科知识结构，结合幼儿的发展特点，构建适合不同年龄阶段幼儿发展水平的种植区环境。

(2) 根据幼儿园的实际情况，规划幼儿园种植区中植物的种类和数量；投放多样的、有层次的、数量适宜的植物。

（3）提供幼儿可以使用的、适宜的观察工具及测量工具；提供种植和养护植物必需的工具和设施。

（4）提供辅助幼儿观察和记录的现代科技产品。

（5）投放与种植、养护、植物相关的绘本和图书。

（6）支持幼儿观察、记录的墙面布置。

在研究过程中，种植区环境会根据幼儿的发展需要随时调整。

2. 架构种植区方案

架构种植区中激发幼儿观察兴趣和培养幼儿观察能力的教育支持体系，包括区域活动指导方案、集体活动方案、空间延伸活动方案等。

（1）梳理种植区中涉及的植物科学核心概念，如植物的多样性、植物与环境的关系、植物与人们生活的关系、植物与动物的关系、生态保护等。

（2）梳理本课题中幼儿学习与发展的核心经验和目标体系。其中，目标体系以探究能力和科学精神为主，其他领域的发展目标辅助课题的主要目标（激发观察兴趣、培养观察能力）。

（3）将各年龄段幼儿在种植区中可以参与的观察活动具体化、系统化。以小班为例，适用小班幼儿的活动方案有哪些，在这些活动中可以获得植物的关键经验，使用哪种观察方法或工具，教师可以提供哪些支持等，这些内容在研究过程中会逐渐形成一个可操作的、科学的体系。

（4）该支持体系以种植区的观察为主，但不局限于种植区。随着幼儿科学探究经验的迁移，家庭、社区、植物园、公园、郊外等都可以成为幼儿科学观察的场所。

（四）研究方法

（1）文献法：本课题研究中的概念界定、植物科学核心概念梳理、种植区中幼儿学习与发展的核心经验和目标体系的梳理，采用的是文献法，在与科学教育、幼儿园科学教育、幼儿园教育、儿童发展相关的书籍、文献中寻找答案。

（2）行动研究：本研究对于种植区的现状进行过调查和问题发现，课题实施的过程就是寻找解决方案的过程。针对种植区的现状问题和研究过程中发现的新问题，课题组会在每周一次的课题教研中拿出解决方案、实践、反馈，整个课题开展将会是一个不断上升的螺旋式过程。

（3）案例法：本研究指导教师预设或生成提出种植区中幼儿观察能力的支持策略和方案，课题组对这些案例进一步分析、讨论、改进或小范围推广，并在课题结题时归纳其中呈现的规律或特点。

（4）调查法：鉴于本研究涉及植物学科知识、种植技术等，在课题开展过程中，对于植物学科的专业知识，会采取访谈、请植物研究所专家做顾问等方式寻求专业帮助。

七、研究计划

1. 研究周期

2017—2019 年。

2. 课题实施阶段

第一阶段（2017.05—2018.09）：结合植物学学科结构与幼儿发展特点，预设种植区中的植物和材料配置方案，初步架构种植区中幼儿科学观察的环境支持体系；梳理种植区中涉及的植物科学核心概念、幼儿学习与发展的核心经验和目标体系；对参与研究的一线教师进行相关培训，使之明确研究的目标、内容与实施方法。

第二阶段（2018.03—2019.06）：创设有准备的种植区环境，在种植区中实践科学观察体系，提出激发观察兴趣和培养观察能力的支持策略和方案，并根据幼儿的行为反馈及时调整、完善环境和支持策略，最终形成完整的种植区中幼儿观察能力培养的支持策略体系。

在研究过程中，教师需要根据幼儿的年龄特点和种植区实际情况，为培养幼儿观察能力提供必要的支持：植物、图书、墙饰、工具等配置；提出适宜的教育策略，使用适宜的教育方法，设计幼儿观察活动和记录表；观察、评价、总结幼儿种植区中的科学观察行为；根据幼儿的需求及时调整环境或观察活动；定期整理研究资料等。

第三阶段（2019.06—2019.12）：对教师的支持策略或方案进行案例分析，总结规律和特点。结题，撰写结题报告。

八、课题预期成果

整理小班、中班、大班的种植区配置、观察活动手册、记录表和教师教育笔记等内容。

九、课题保障

我们对于课题实施和如期结题有充足的信心，这基于以下 4 个方面的切实保障。

（1）人才保障：课题组成员中，有植物学专家、教授从学科角度提供全方位的课题指导支持，也有专业水平高、多次参与过国家级或市级课题的教研员，还有实践经验丰富的一线教师，多层次、高水准的人才结构能够保障课题的顺利实施。

（2）实施保障：中国科学院第三幼儿园在科学领域教育上有几十年的积淀，在种植区有较为充实的教育经验和反思，这些先导经验和反思促成了该课题的产生，在实施过程中也会是非常宝贵的参考资料。

（3）物质保障：幼儿园会为所有参与课题的班级配备种植区所需要的植物、种植工具、测量工具、相关图书和绘本、仪器（如照相机、录音笔、打印机、联网电脑）等材料。

（4）经费保障：中国科学院第三幼儿园一直非常鼓励课题研究的工作，因此会提供充裕的课题经费给予支持。

十、参考文献

（略）

附录3 问卷和调查报告

幼儿规则执行能力教师评价问卷

亲爱的老师：

您好！下面是一份关于幼儿一日生活规则执行能力的调查问卷。请认真阅读，并按照"总是、经常、有时、偶尔、从不"来选出最能代表孩子实际情况的选项。答案无对错之分，注意不要漏答。

谢谢您的合作！

1. 儿童性别［单选题］*

○男　　○女

2. 儿童年龄［单选题］*

○小于 3 岁　　○3～4 岁（不含 4 岁）　　○4～5 岁（不含 5 岁）　　○5～6岁（不含 6 岁）　　○6 岁以上

3. 幼儿园名称［单选题］*

○中国科学院第七幼儿园

○中国科学院幼儿园北斗分园

○中国科学院幼儿园杏林湾分园

4. 儿童所在班级［单选题］*

○小一班　○小二班　○小三班　○小四班　○小五班

○中一班　○中二班　○中三班　○中四班　○中五班

○大一班　○大二班　○大三班　○大四班　○大五班

5. 在指定安全范围内活动［单选题］*

○总是　○经常　○有时　○偶尔　○从不

6. 能够有序地上下楼梯［单选题］*

○总是　○经常　○有时　○偶尔　○从不

7. 在教师的引导下幼儿园能够主动排队［单选题］*

○总是　○经常　○有时　○偶尔　○从不

8. 不在桌面上乱涂乱画 [单选题] *

○总是　○经常　○有时　○偶尔　○从不

9. 户外不随地大小便 [单选题] *

○总是　○经常　○有时　○偶尔　○从不

10. 爱护环境，不随意扔垃圾 [单选题] *

○总是　○经常　○有时　○偶尔　○从不

11. 安静午睡，不影响他人 [单选题] *

○总是　○经常　○有时　○偶尔　○从不

12. 进餐盥洗、午睡时如有需要轻声说话 [单选题] *

○总是　○经常　○有时　○偶尔　○从不

13. 按标记取放玩具 [单选题] *

○总是　○经常　○有时　○偶尔　○从不

14. 有序回答问题和等待 [单选题] *

○总是　○经常　○有时　○偶尔　○从不

15. 不伤害他人 [单选题] *

○总是　○经常　○有时　○偶尔　○从不

16. 保护自己不受伤害，不伤害他人。(中、大班作答) [单选题] *

○总是　○经常　○有时　○偶尔　○从不

请在提交问卷前确认是否完成所有试题，谢谢！

幼儿对规则的理解和执行能力调查报告

为了探寻小中大班幼儿对公共规则、生活规则、学习与游戏规则、社交规则的理解和执行特点，我们编制了《幼儿对规则的理解与执行教师评价问卷》，由教师来对每一名幼儿在每一条规则内容的执行情况进行 5 点评分。针对收集到的 290 名小班儿童、326 名中班儿童、355 名大班儿童的数据进行统计和分析，对数据结果进行分析和解释。

一、小班幼儿规则理解与执行的年龄特点

教师共观察并记录 290 名小班幼儿的规则执行情况，其中男孩共计 152 人，女孩共计 138 人。

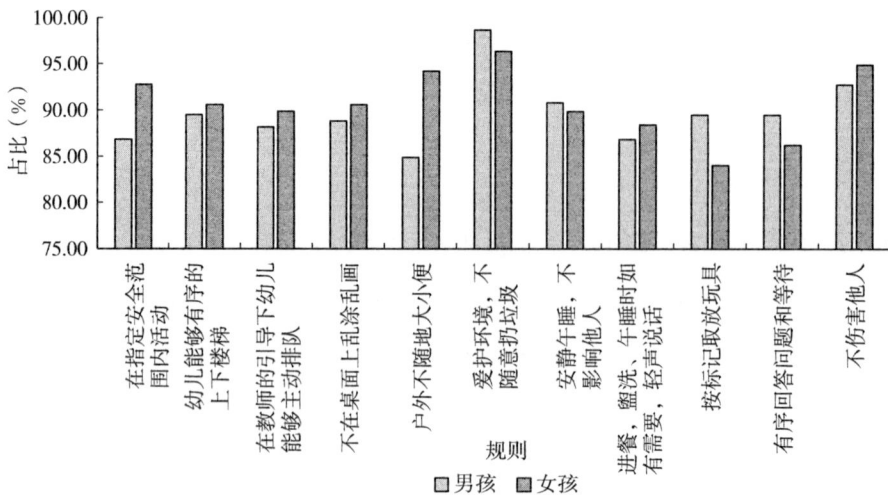

小班规则执行情况

从数据上看，每条规则都有 80% 以上的幼儿遵守，其中爱护环境、不随意扔垃圾，安静午睡不影响他人，按标记收拾玩具 3 项男孩遵守情况高于女孩，其余 10 项均女孩较高。对于男孩而言，规则执行情况相对较低的 3 项为：户外不随地大小便（84.87%）、在指定安全范围内活动（86.84%）、进餐、盥洗、午睡时如有需要，轻声说话（86.84%）。对于女孩而言，规则执行情况相

对较低的 3 项为：按标记收拾玩具（84.06％），有序回答问题和等待（86.23％），进餐、盥洗、午睡时如有需要，轻声说话（88.41％）。

从数据中可以看到，男孩户外不随地大小便这项规则是执行情况最低的，可能与家庭从小对男孩如厕习惯的培养有关。且这个时期的幼儿渴望用语言来表达自己的想法，但同时又会有些难以等待，这一点在这次的数据中女孩对于该规则的遵守程度相比男孩稍低。

二、中班幼儿规则理解与执行的年龄特点

教师共观察并记录 326 名中班幼儿的规则执行情况，其中男孩共计 147 人，女孩共计 179 人。与小班相比，结合《3～6 岁儿童学习与发展指南》（以下简称《指南》）及幼儿的年龄发展水平，对中班幼儿进行规则理解及执行的规则内容又不伤害他人更改为：保护自己不受伤害、不伤害他人。从数据中分析得出，中班幼儿的规则理解及执行处于"波动期"，男孩对于规则的执行情况大幅下降，而女孩稳步提升。

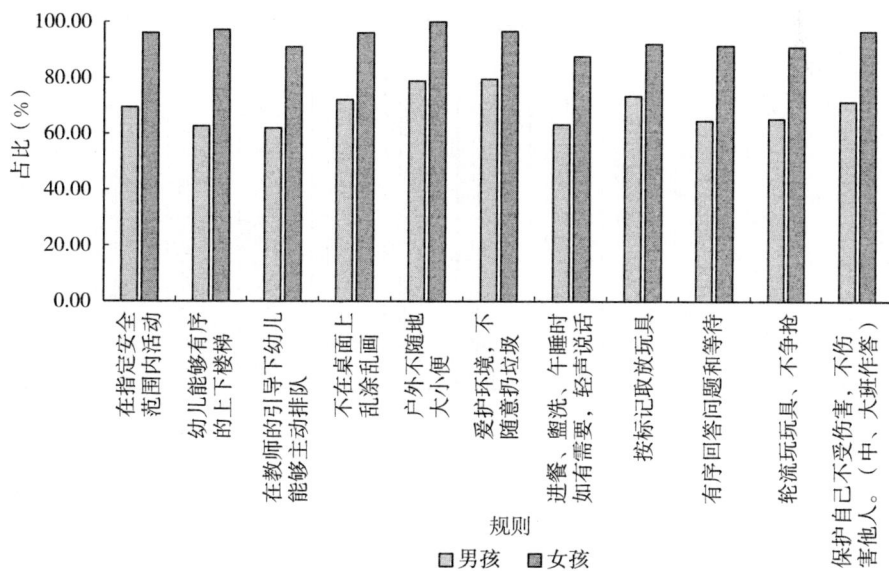

中班规则执行情况

对于男孩而言，规则执行情况相对较低的 3 项为：听从教师指令排队

（61.90%），上下楼梯时不推不挤（62.59%），进餐、盥洗、午睡时如有需要，轻声说话（63.27%）。对于女孩而言，规则执行情况相对较低的3项为：进餐、盥洗、午睡时如有需要，轻声说话（87.71%），听从教师指令排队（91.06%），轮流玩玩具、不争抢（91.06%），但后两项执行情况也已经在90%以上。

男孩、女孩对规则执行相对较低的共同项目为：进餐、盥洗、午睡时如有需要，轻声说话。结合《指南》中的语言领域，对4~5岁幼儿的发展目标为：能根据场合调节自己说话声音的大小。在对班级的幼儿观察中发现，该阶段的幼儿对园内生活变得更为熟悉，对于同伴交往的需求增大，同伴之间更喜欢讲话。

三、大班幼儿规则理解与执行的年龄特点

教师共观察并记录355名大班幼儿的规则执行情况，其中男孩共计177人，女孩共计178人。从数据中分析得出，大班幼儿对于规则的理解和执行更加趋于稳定，女孩对于规则的执行情况略优于男孩，男孩对于规则的执行

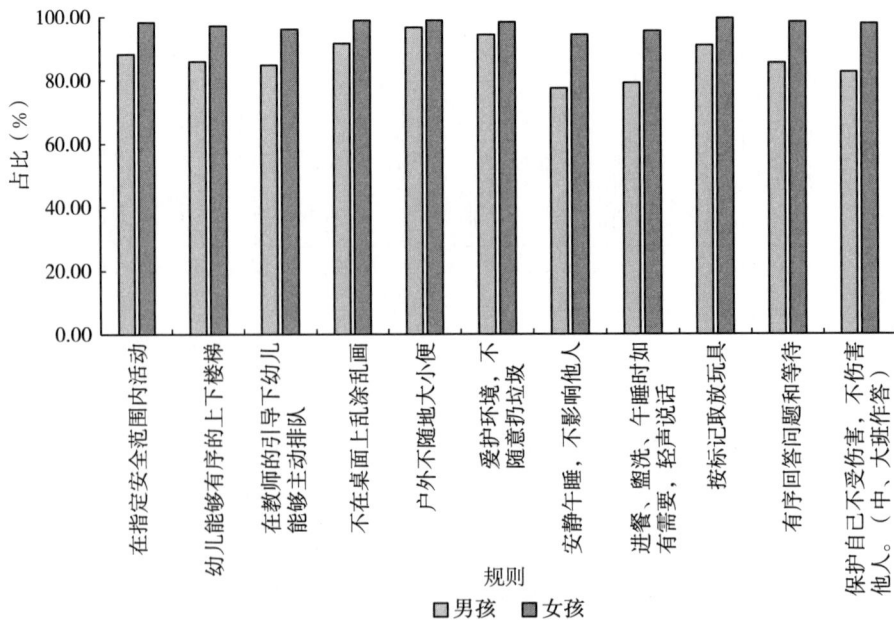

大班规则执行情况

情况相比于中班大幅度上升。对于男孩规则执行情况较低的3项为：安静午睡不影响他人（77.4%），进餐、盥洗、午睡时如有需要，轻声说话（79.1%），保护自己不受伤害，不伤害他人（82.49%）。在大班阶段女孩对规则的理解和执行情况均为90%以上。

从数据中可以看到，男孩对于规则执行的相对较低的项目多与在多种场合需要轻声说话及交往间的冲突有关。

结合教师对幼儿对以上规则的理解和执行能力打分情况及对幼儿实际的观察，我们得出不同年龄阶段幼儿在对于规则理解和执行中存在以下3个主要特点。

1. 随着年龄增长，幼儿对规则的理解与执行能力整体呈上升的趋势，中班出现"波动现象"

从幼儿整体对规则理解和执行情况来看，超过80%的幼儿在3年的幼儿园生活中，都可以遵守以上规则，随着幼儿年龄增长，大班和小班相比，对规则的理解和执行的情况呈上升趋势。值得关注的是，在中班期间出现下落的"波动"情况。

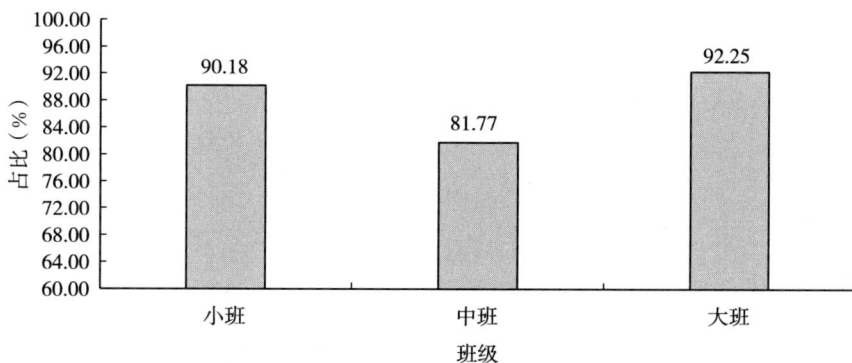

不同年龄幼儿规则执行情况

作为幼儿进入幼儿园生活的第一年，超过80%的小班幼儿都可以遵守规则。结合幼儿不同年龄阶段的发展特点，小班阶段是幼儿语言发展的高峰期，幼儿对规则理解的发展是幼儿思维发展的重要组成部分，幼儿渴望用语言来表达自己的想法，但同时又会有些难以等待，所以有的时候会出现"手比嘴快"的现象。并且幼儿在该年龄段对于规则的理解还没有完全形成"内化"，更多地依靠"他律"来理解规则。所以对于该阶段幼儿，教师需要采取动作与语言结合来示范，用肢体动作结合简单易懂的语言，帮助幼儿理解规则的含义。并且在一日生活中鼓励幼儿用语言来表达自己的需求和想法，促进幼儿在理解规则的前提下去执行规则。

中班幼儿在熟悉一年的幼儿园生活后，随着自我意识和语言的逐步发展，开始从"他律"向"自律"的转化。但在这个阶段，幼儿对于规则的理解和自我控制能力还不成熟，但自我意识又处于非常旺盛的阶段，在这个阶段经常会看到幼儿非常主动地去表达自己的想法、对他人有强烈的模仿欲望、经常向老师"告状"、愿意去争"第一"、有的时候急于表达而着急抢话等。从幼儿社会性发展阶段来看，幼儿在该年龄段处于"波动期"，自己对自己的认知和实际自己的能力上存在差异，会因为自己没有做到而着急、会因为自己希望被关注而去"争抢"，所以在该阶段教师需要去关注幼儿的发展特点，尊重幼儿的心理需求，看到幼儿行为背后希望自己被看到、被认可的需要，而不是一味地认为幼儿"淘气"，故意不去遵守规则。

大班幼儿即将面临从幼儿园生活向小学生活的转变，对于规则的理解和执行程度也更高、更加稳定。这时期的幼儿也更多地去"内化"规则、理解规则的含义，并由"他律"向"自律"转变。从幼儿发展角度来看，该阶段幼儿在游戏中可以更好地进行合作，遇到冲突可以更多地采取语言沟通，他们的自控力及社会化发展得更加成熟。所以该阶段的幼儿已经逐步做好了升入小学的准备，对于教师来说，对于该阶段的幼儿需要给予更多自我成长的机会，将规则制定的机会更多地给予幼儿，既发挥幼儿的主动性，又在规则制定的过程中，帮助幼儿内化规则。

2. 在不同年龄段，幼儿对规则的理解与执行存在性别差异

在本次调查中，结合教师对幼儿规则理解和执行情况的评分发现，女孩在幼儿园的 3 年中对规则的执行程度随着年龄的增长而上升，而男孩对规则的执行程度在中班有较明显的回落，在大班又有明显上升。幼儿在对规则的理解和执行上出现了较大的性别差异。

结合对班级的幼儿观察，男孩在中班的活动性表现更为活跃，并且出现一定的"竞争性"，情绪情感上属于不稳定期，行为上更加独立，有很强的自我

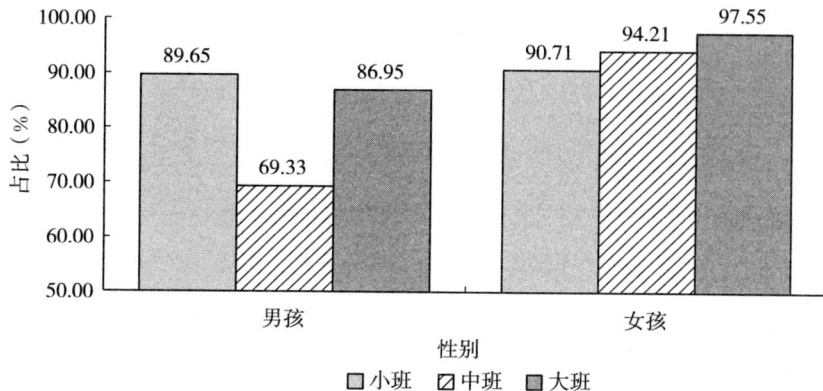

不同性别幼儿对规则执行情况

意愿。同时，由于幼儿的生理和心理的发展限制，往往出现对规则理解的水平高于执行的水平，在认知层面上能够理解规则，但是在执行中却出现违规行为。比如在排队及上下楼时总想站在第一名，更容易和其他小朋友发生推挤等肢体冲突。针对男孩女孩的差异，教师在帮助幼儿去理解规则的时候，应因地制宜根据幼儿心理年龄特点选择适合幼儿的方式帮助幼儿既满足自己内心渴望表达的自我需求，又能够增强对于规则的理解和执行程度。

3. 以班级为单位，教师对幼儿规则的理解和执行情况存在影响

在本次调查中，我们选取其中一个幼儿园的369名幼儿，探索该园中相同年级不同班级之间幼儿对规则的理解和执行情况是否有所差异。结果发现，不同班级间幼儿对规则理解和执行程度存在较为明显的差异。

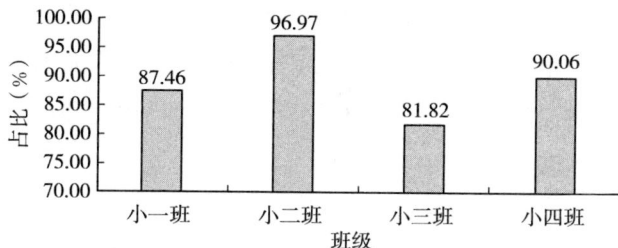

不同班级幼儿规则执行情况（小班）

结合对教师的访谈和对于班级的实际观察发现：

（1）教师自身的经验影响班级幼儿的规则理解及执行程度。带班经验丰富的

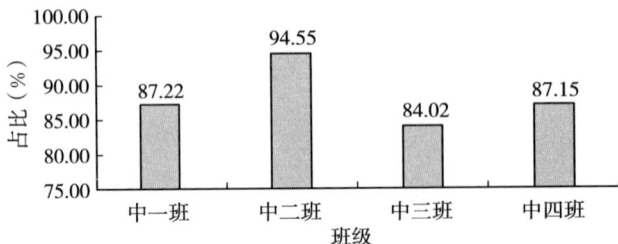

不同班级幼儿规则执行情况（中班）

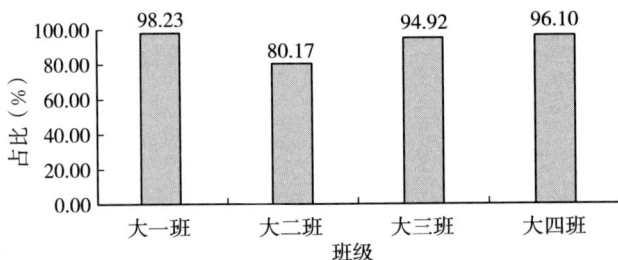

不同班级幼儿规则执行情况（大班）

教师，对于幼儿的发展特点较为熟悉，有更丰富的方式和策略去组织幼儿一日常规和活动。即使幼儿出现违规行为也不会使教师自身有过多的焦虑感，教师有更多的办法去引导幼儿去理解和执行规则，也会带动整个班级更加有序地开展每日活动。

（2）教师在帮助幼儿理解和执行规则的过程中是否具有坚持性。幼儿对于规则的理解并不是一次活动或者教师的一句提醒就能够很快习得的，需要在生活中不断地体验、感受、练习。有的教师在对幼儿规则的引导上难以坚持，觉得说了一次、两次幼儿没有很好地遵守，就会丧失信心和耐心，对自己的工作产生不自信感，感觉在带领幼儿的过程中非常吃力。所以帮助教师正确看待幼儿年龄发展特点，帮助教师树立信心找到适合幼儿的方式尤为重要。

（3）教师对幼儿的期待值影响其评价幼儿对规则理解和执行的情况。在教师对幼儿的规则理解和执行程度评分的过程中会发现，不同的教师对于幼儿的期待是不同的，有的教师对于幼儿较为严格，看幼儿有一点没有遵守规则就会打较低的分数，而有的教师相对宽松，对于幼儿很多行为觉得在情理之中，就会给出较高的分数。

附录4　学术论文实例

生态学视野下幼儿园科学特色教育环境的创设

王婷婷

中国科学院幼儿园

摘要： 幼儿园的环境创设可以用人类发展生态学理论提出的生态系统进行分析，包括创设以科学特色为主的微观系统和中间系统，并且将外系统和宏观系统纳入科学特色教育环境的创设。用人类发展生态学理论分析幼儿园的科学特色教育环境创设，其最大意义在于对更开放、更具变化与可能性的环境的关注，即不局限于幼儿园自身，而是进一步思考如何与幼儿的家庭、社区等做好交流与互动，如何与幼儿发展相关的外系统保持良好的沟通与交流，促进社会对幼儿及幼儿发展的正确认知，以对幼儿的发展产生正面积极的影响。

关键词： 生态学视野　幼儿园教育环境创设　科学特色

幼儿园环境是指"幼儿本身以外的、影响幼儿发展或者受幼儿发展所影响的幼儿园中的一切外部条件和事件。"[1]它既包括人的要素，又包括物的要素；既包括幼儿园内的小环境，如幼儿园的整体建筑环境，班级环境，又包括与幼儿园教育相关的园外环境，如家庭、社会、自然等[2-3]；既包括幼儿园的物理环境，也包括心理社会环境，如师幼关系、同伴关系[4]。

布朗芬布伦纳提出了人类发展生态学（Ecology of Human Development）的概念，并将其界定为"是对不断生长的有机体与其所处的不断变化着的环境之间，相互适应进行研究的一门学科，且有机体与其所处的即时环境之间的相互适应过程，受各种环境之间的相互关系，以及这些环境赖以存在的更大环境的影响"[1,5]。在人类发展生态学理论中，环境被定义为"包含有机体自身以外的、影响人的发展或者受人的发展影响的任何事件或条件"[6]。人类发展生态学理论将影响儿童发展的各种环境因素（生态环境）按影响程度划分为四个不同层次，依次是：微观系统（microsystem）、中间系统（mesosystem）、外系统（exosystem）和宏观系统（macrosystem）[7]。其中，微观系统主要包括家庭、学校、邻居、同伴等与儿童产生直接交互作用的因素。中间系统由微观系统中各因素之间的相互联系和相互作用构成，主要是指个体之间的交往或组织之间的相互了解。外系统则包括诸如玩具厂商、法律服务和大众传媒等通过各种渠道间接影响儿童发展的因素。宏观系统主要是指儿童所处的社会文化大环境下的文化意识形态[8]。

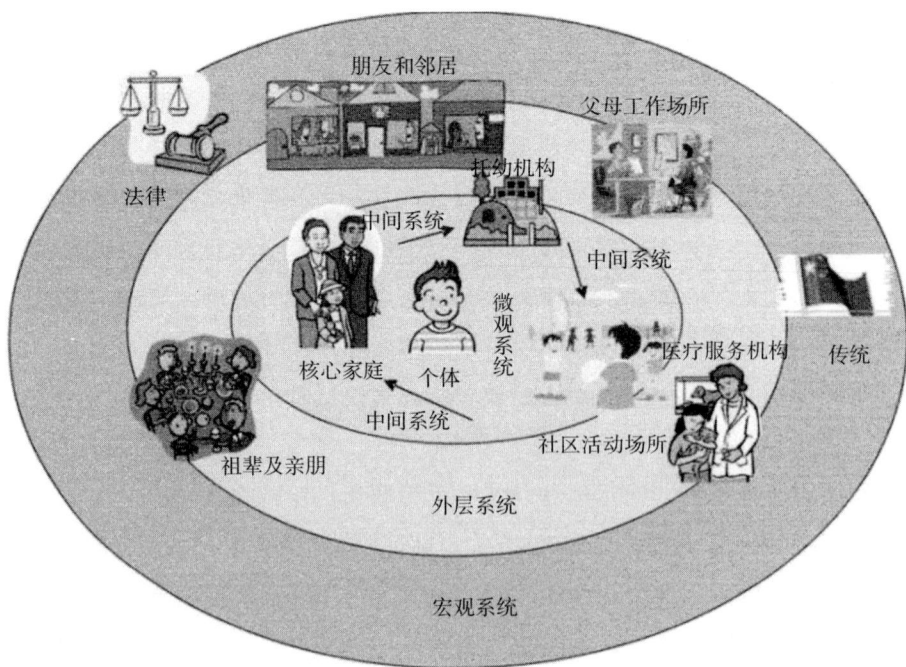

影响幼儿发展的环境因素

生态学视野下的幼儿园环境不局限于对幼儿园内部生态系统的关注，而是更强调内部生态系统与其他系统之间的相互作用，并将这个内部生态系统根植于更高层次的生态系统之中[1]。2003年，教育部等10个部门共同签发的《关于幼儿教育改革与发展的指导意见》明确提出"逐步建立以社区为基础，以示范性幼儿园为中心，灵活多样的幼儿教育形式相结合的幼儿教育服务网络。"[9]这里的教育服务网络就是将不同的系统纳入到幼儿的教育环境。

幼儿园是促进幼儿发展的微观系统之一，它同时作用于其他系统，其他系统又会反过来影响幼儿园及幼儿的发展。所以，幼儿园环境创设可以基于生态系统理论，从系统各层次之间、幼儿与环境之间的交互影响进行分析。

我们着眼于幼儿生长的整个环境系统，着力打造以教育体系为主的微观系统和中间系统，借由中国科学院优势资源，将外系统和宏观系统也纳入特色打造的重要环节，努力为幼儿寻求那些构成良好生态的要素，并创设丰富的、连续的教育环境，提供多样的教育刺激，让幼儿在实践活动中增长经验、整合经验。

1. 幼儿园微观系统环境的创设

中国科学院幼儿园在微观系统环境的创设上，强调让幼儿通过对材料的自由操作、与环境的积极互动来获得心理上的发展，重视为幼儿创设丰富科学环境来激发幼儿对科学活动的探究兴趣，让幼儿在操作材料的过程中学会怎样思考、表达和主动建构经验，获得科学领域的核心经验，掌握通过探究解决问题的方法，培养科学态度、科学精神，培养科学探究能力，例如：能够运用所有的感官主动地探究学习，从不同的空间角度观察和描述事物，通过操作、转换和组合各种材料，探究事物的特征并给这些特征命名，发现并描述物体、事物之间的关系，对事物的异同能进行分类和匹配，制订计划并完成计划等多个方面的内容。

1.1　创设有科学特色的物质环境

（1）创设科学教育公共环境

由于公共环境是儿童日常接触最为频繁的环境，并且在这样的环境中存在着最为广泛的人际交往和互动，而不像幼儿园班级环境，人际交往活动基本上只局限在师生之间和同年龄段的幼儿之间[10]。因此，在创设公共环境时要设计不同的科学教育元素，以满足不同发展程度的幼儿的需要，同时能更有效地激发不同年龄段幼儿之间的合作。

在幼儿园公共环境的创设上，我们尽可能拓展幼儿的探究空间，挖掘空间资源，选择了大量的简便、易操作的科学玩具和游戏供幼儿操作和学习。同时，我们在设计的过程中，将艺术和文化的元素融入环境设计中，在 3 个楼层设计了不同的主题，形成了"天地人"的公共体验区：三楼是宇宙太空主题，通过给孩子们呈现人造卫星、宇宙飞船的模型，激发幼儿探索宇宙空间奥秘的愿望；二楼是中国古代科学技术发展的体验专区，在操作活字印刷、皮影戏的过程中，孩子们领略到科学技术从古至今给人们生活带来的影响；一楼的墙面互动游戏让孩子们了解植物的生长过程、不同树皮的比较、人体的结构等。此外，每层楼道里还有操作性极强的科学玩具，如涉及机械的墙面玩具，用杠杆撬动地球、用齿轮拉动大象；涉及视觉暂留现象的笼中鸟、转盘跑马等。通过公共环境的创设，使孩子们经过时能随手摆弄，充分调动幼儿各种感官，在操作和摆弄中动手、动脑探究问题，激发幼儿的探究兴趣。

摸摸不同的树皮

古代的人是怎么印刷的

（2）在班级中创设富有特色的科学活动区域

班级是幼儿活动和学习的主要场所，对幼儿有着直接的熏陶作用。每个班在教室内创设科学区角，以此作为课堂教学的延伸，让幼儿在科学区自主探索。可以围绕科学主题活动延伸出科学区活动，把科学主题活动的主题和科学区活动联结起来，幼儿的科学经验和与幼儿的兴趣、探究活动整合起来，这样就形成了丰富的科学区活动，充分激发了幼儿的主动性和探究积极性。或是提升关键经验，或是统计试验结果，或是记录幼儿的探究过程，教师引导幼儿对科学游戏、科学实验进行猜想，预测可能发生的变化，进行细致观察，做有趣而真实的记录，在反复感知、体验的基础上建立起对科学现象的认识及严谨的科学探究精神。幼儿在丰富的科学区活动中，加深了对科技与生活、科技与社会的认识，进一步扩展探究的兴趣。

教师引导幼儿进行科学游戏

（3）开辟专门的科学探索发现室

中国科学院幼儿园利用自身条件在幼儿园开辟专门的科学探索室，科学探索室的创设是科学教育的物质基础和技术保障，是科学教育思想和教学内容的物质载体，是培养幼儿实践能力、提高其科学素养的重要平台。开设专门的科学探索室，可以充分集中幼儿园的科学教育资源，让儿童更为全面和深入地体验科学探索的氛围，也便于教师利用专门的活动空间，开展特定主题与内容的科学教育活动。我们在科学探索室投放了一系列符合幼儿认知特点和年龄特点的系列科学玩具、音像资料、挂图等，涉及物质科学、生命科学、地球空间科学、科学技术方面的内容，给幼儿提供了近距离感受科学现象、观察操作科学玩具的空间。

科学探索室

1.2　注重支持性的心理环境的创设

和谐的师幼关系是幼儿园生态教育实施的有力保障。在生态式教育中，作为人际生态共同的主人，师幼之间应摒弃过去那种教育与受教育、灌输与接受、教训与服从的关系模式，代之于彼此尊重、平等相待、共同对话、和谐宽松、自由快乐的生态关系[11]。

中国科学院幼儿园重视为幼儿提供支持性的心理环境。在这里，师幼之间的对立和界限消除了，教师不再是教室里的绝对中心和权威，幼儿在教师的支持下变得敢于主动发问，成了主动的学习者。教师是幼儿的支持者、合作者、引导者、观察者、记录者、研究者。每个孩子都能根据自己的需要，自由地选择游戏材料，按自己所能理解的方式进行操作。孩子们有更多的时间、更自主的空间去操作、探索发现。营造出师幼互动、幼幼互动、宽松自由的精神氛围。

幼儿有满足自身情感、表达自身情感的需要，因此为幼儿创设富有情感的精神环境非常重要。宽松、和谐、富有情感的精神氛围是幼儿主动与环境进行有效互动的先决条件，也是引导幼儿主动积极参与环境创设的重要因素。

心理环境的良好维持是幼儿有效学习的保障，支持性的心理环境能够鼓励幼儿自由选择、大胆探索。在支持幼儿的过程中，教师以鼓励性语言为主，如"你再试试，错了也没关系，你一定会成功！"孩子从中能够获得一种关爱、平等、尊重的满足。

教师需要秉持一种思辨的、理性的、发展的眼光来创设支持性的环境，这样才能使环境成为倾听幼儿、记录幼儿、支持幼儿的隐形教师。

2. 中间系统

2.1　建立家长资源库

家长资源是幼儿园教学资源的重要组成部分，幼儿园的管理者与教师应充分认识到家长资源在生态系统中的作用，利用一切常规与非常规的手段进行家庭与幼儿园的结合，并建立家长资源库。所谓家长资源库，就是对全园的家长资源进行挖掘、清理、分类整合而形成的全园共享、随时更新的家长信息系统[12]。对此，每年的入园活动结束后，各年龄班的带班教师开始统计每位家长的详细情况，并把详细资料交由专门的负责人进行统计与整理。然后对全园的家长的信息进行分类整理，制作电子文档进行保存，对家长资源进行定期更新。只有对家长资源进行长期策划才能够最大限度地挖掘家长资源，使教师随时可以找到所需的家长资源。

我们不定期的邀请家长进课堂，发挥家长在科研领域的科技专长，开阔孩子们的视野，拓展孩子们的科学经验，同时也能提升教师的科学素养。

中国科学院物理研究所超导国家重点实验室金魁研究员为小朋友们演示超导磁悬浮实验，让小朋友们感受到科技产品与人们生活的密切关系

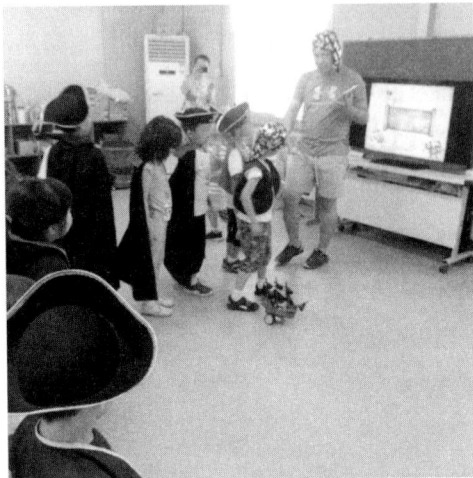

中国科学院计算技术研究所刘雷老师教小朋友们编程，通过图形化的编程界面，小朋友们编写出了一个个小程序，控制"海盗船"的运动方向和运动速度，让小朋友们体会到科学技术的发展对自己生活产生的影响

2.2　社区资源的充分利用

我们根据幼儿的年龄特点和认知发展规律，有目的、有计划地引导幼儿到大自然、大社会中去学习。运用社区资源丰富幼儿的情感，使幼儿身临其境，对"超市""工厂""医院"等有最真切的感知。为了让幼儿了解社区常用的设施与机构，我们密切联系所在社区的各部门，请他们为幼儿园提供走入社区的机会，开展以"超市""垃圾分类"等为主题的活动，引导幼儿在真实环境中、解决真实问题的过程中进行探究。我们还注重发挥社区中能为幼儿提供或传授某一种专业技能知识的人力资源的作用。例如，在开展以"车"为主题的教育活动中，我们把公交车、出租车司机叔叔请入幼儿园，让他们为幼儿讲解关于交通工具的各种知识。

我们将幼儿园延伸到社区中，把社区融入幼儿园，为幼儿的发展创造良好条件。充分利用中国科学院各个研究所的资源，组织教师和幼儿参观中国科学院遗传发育所、中国科学院生态环境研究中心、中国科学院心理研究所、中国科学院动物博物馆、中国科学院生物物理研究所、中国科学院地理科学研究所等研究单位。在遗传发育所的参观活动中，幼儿了解到麦子的形态特征，听研究人员讲国家最高科学技术奖获得者李振声院士与小麦的故事，李爷爷花费 20 年时间，最终克服重重技术难题育成高抗病性小麦品种小偃 6 号，是我国华北粮仓的主栽品种。幼儿通过显微镜观察麦穗的细微结构，认识雄蕊和雌蕊，并观察到了小麦粒上的白色种毛。在栽培区，幼儿和家长共同培土种植了一株小花，在学习种植知识的同时，享受甜蜜的亲子一刻。

我们邀请中国科学院物理研究所的曹则贤研究员作为专家顾问，为我们的教师开展系统的科学知识讲解，提升教师科学素养。

我们既关注幼儿所处的微观系统，努力满足儿童与人和物交流互动的需要，同时也关注幼儿所处的更高位环境的巨大影响，从积极促进教师、家长之间的互动拓展到幼儿园—家庭—社区之间的协同发展。

3. 外系统——关注科学教育的政策

有学者提出社会力量、社会政策和政策变化之间的关系形成了儿童发展的政策环境。我们密切关注国家关于教育最新发布的政策法规。北京市教育委员会市财政局于 2016 年下发了《北京市初中开放性科学实践活动项目管理办法》（以下简称《办法》）。《办法》要求，七、八年级（即初一、初二年级）学生每学期应参加 5 次开放科学活动，按任务单要求完成 1 次活动计 1 分，2 学年累计应参加 20 次活动，满分为 20 分。学生参加活动累计分数，中考时计入物理、生物（化学）科目原始成绩。《办法》要求，活动项目开发应结合物理、化学、生物等学科课程标准，立足主流前沿科学领域，采用实验探究、动手制作、实践体验等方式实施。活动应设计具有不同难度、复杂度，分别符合七、八年级学科课程标准和学生认知能力水平。同时，活动项目设计要聚焦科学实践活动主题，具有创新性和实践性，避免成为单一的生产、劳动技能型活动。开放科学活动将定期面向社会公开征集活动资源。开放科学活动采用以下两种方式实施。第一种是自主选课。资源单位按照要求在网络平台发布活动课程，学生根据兴趣自主选择。第二种方式是送课到校。资源单位组织师资，携带设备、材料，到学校为学生提供活动服务。

从《办法》的具体内容中我们看到，我园的科学教育活动与中学生的开放性科学教育活动是一脉相承的，都非常注重活动的开放性，开放性科学实践活动是为了构建开放的教与学模式，为学生提供更加精准、个性化学习服务，为学生提供优质、多元、丰富、生动的合作探究式实践活动，满足学生个性化、多样化的发展需求，促进学生全面、可持续的发展。

4. 宏观系统——关注国家建成科技创新强国的发展规划

我们关注国家建成科技创新强国的发展规划，注重培养幼儿的创造性。"创新"是引领发展的第一动力，科技创新驱动经济和社会发展，改变着人们的生产和生活方式。2016 年 5 月中共中央、国务院发布《国家创新驱动发展战略纲要》，提出了实施创新驱动发展战略 3 个阶段的目标：第一步，到 2020年进入创新型国家行列，有力支撑全面建成小康社会目标的实现；第二步，到 2030 年跻身创新型国家前列，为建成经济强国和共同富裕社会奠定坚实基础；第三步，到 2050 年建成世界科技创新强国，为我国建成富强民主文明和谐的社会主义现代化国家，实现中华民族伟大复兴中国梦提供强大支撑。要成为世界科技创新强国，就要有创新人才，我们的孩子身上肩负着实现中华民族伟大复兴中国梦的重任。我园注重培养孩子的创新意识、创新动机，创新思维和创新人格。创新思维主要包括发散思维和逻辑思维。创新人格主要表现为具有浓厚的认知兴趣、旺盛的求知欲；勇敢、甘愿冒险，敢于标新立异，逾越常规；坚持不懈、百折不挠；独立性强，不盲从，对独立和自治有强烈的需要；自信、勤奋、进取心强；对问题喜欢刨根问底。

我们每年组织师生参观体验全国性的科技活动。科学普及的重要性不亚于科技创新，我国非常重视科技创新文化的建设和传播，取得了很多重大的科技创新成果，国家非常重视让大众了解、感受科技成果给自己生活带来的变化，向大众传播科学理念。传播科学知识，弘扬科学精神，对提高大众科学素质、推动创新驱动发展意义重大。我国从 2001 年就设立了全国范围的群众性科技活动，每年固定在 5 月的第三周举行。在科技活动周上，突出科技成果转化带来的新技术、新产品和新创业，展示与人民生活相关的科技创新成就。从 2016 年起，在每一年的北京科技周的活动中，我园都组织师生参观体验科技周活动，在展馆现场幼儿与各种机器人互动，了解 3D 打印技术，制作手工香皂……丰富的活动让师幼接触科技，扩展视野，体验科技魅力，激发创新创造的兴趣。

用人类发展生态学理论分析我园的科学教育环境创设，其最大意义在于对更为开放、更具可能性和变化的外部环境的关注，不仅仅局限在幼儿园，而是进一步思考如何与幼儿的家庭、幼儿生活的社区等做好沟通互动，从而促进社会对幼儿及幼儿发展的正确认知，对幼儿的发展产生积极的影响。我们非常鼓励家长的参与，与家长共同承担责任，共享幼儿发展带来的成就感。我们积极了解社区，关注科学教育的政策，关注国家的发展规划，采取合适的方法来促进各层次系统的有效沟通。总之，我们努力保证幼儿园环境的开放及其与外界环境的沟通，在必要时作出适当的调整，创设优质的幼儿园环境，更好地促进幼儿的发展。

参考文献：

［1］杨伟鹏．生态学视野下的幼儿园环境创设［J］．幼儿教育（教育科学），2013（4）．

［2］薛烨，朱家雄．生态学视野下的学前教育［M］．上海：华东师范大学出版社，2007：200－201．

［3］杨文．当前幼儿园环境创设存在的问题及解决对策［J］．学前教育研究，2011（7）．

［4］谢芬莲．我国幼儿园环境创设研究述评［J］．宁波大学学报（教育科学版），2016（3）．

［5］BRONFENBRENNER U. The ecology of human development：Experiments by nature and design［M］．Cambridge，MA：Harvard University Press，1979.

［6］BRONFENBRENNER U，CROUTER A C. The evolution of environmental models in development research［M］．Washington，DC：National Academy Press，1983.

［7］BRONFENBRENNER U. Toward an experimental ecology of human development［J］．American Psychologist，1977，32（7）：513－531.

［8］李季湄，冯晓霞．《3～6岁儿童学习与发展指南》阶段［M］．北京：人民教育出版社，2013：288.

［9］李敏．论以幼儿园为核心的社区早期教育［J］．新课程研究（下旬刊），2010（1）．

［10］陶纪秋．幼儿园科学教育环境创设的原则与策略［J］．学前教育研究，2010（5）：65－67.

［11］陈水平．对幼儿园实施生态教育的几点思考［J］．教育探索，2011（10）：23－24.

［12］左瑞勇．反思幼儿园教学中家长资源的开发与利用——基于生态教学观视角［J］．幼儿教育·教育科学，2007.

附录5 学术论文实例

主题教学模式下中班幼儿情绪教育初探

刘 颖

中国科学院第三幼儿园

摘要 研究者结合观察法和访谈法，采用准实验设计对中班幼儿进行了情绪教育干预效果研究。结果表明，幼儿增加了积极策略如认知重建、问题解决、寻求支持、替代活动、自我安慰等的使用，减少了消极策略的使用；幼儿逐步倾向于使用认知重建和问题解决这类具有积极建构意义的策略。

关键词 主题教学；情绪教育；中班幼儿

【中图分类号】G612【文献标识码】A【文章编号】1004－4604（2016）12－0011－05

情绪是推动学习与发展的重要动力，在个体学习与发展中扮演着重要角色[1]。个体早期的情绪体验对其后期性格的形成具有至关重要的作用[2]。幼儿时期的情绪体验会在个体大脑中形成永久的神经联结，从而影响其成年后的身心发展[3]。有研究表明，情绪能力强的幼儿在同伴交往中更具优势，会表现出更多亲社会行为[4]。因此，培养幼儿良好的情绪是幼儿园教育的重要内容。中班幼儿处于情绪调节能力发展的关键时期。为建立和维持良好的同伴关系，中班幼儿有寻求较高水平情绪调节方式的倾向[5]。上海精神卫生中心对3 000名中班幼儿所作的有关调查发现，11％的幼儿有情绪抑郁、自卑现象发生[6]。可见，对中班幼儿进行良好的情绪教育十分必要。

主题教学是当下幼儿园综合性课程的形式之一。主题教学模式是指在一段时间内围绕一个中心内容来组织教育教学活动。通过主题教学活动，幼儿获得各个领域的发展[7]。这与瑞吉欧教育体系提倡的方案教学思想不谋而合[8]。主题教学模式秉承了皮亚杰建构主义的课程观，强调课程由教师和幼儿共同建构发展而成，课程内容包括主题、区域和情境创设，主题探究历程通常是先凝聚目标，再创造内容，最后实施和修正，如此循环往复。本研究拟运用主题教学模式对幼儿开展情绪教育，以帮助幼儿获得一定的情绪认知，促进幼儿情绪能力的发展。

一、研究设计

研究者结合中班幼儿年龄特点，设计了一套幼儿园主题教学模式下的幼儿情绪教育方案，并采用"实验组、对照组前后测"的准实验设计模式进行干预效果研究。

（一）研究对象

本研究以作者所在幼儿园的两个中班幼儿为研究对象，研究者所带的班级为实验组，另一个班级为对照组，两班幼儿年龄、性别和智力发展情况大致相同。除情绪教育方案外，两班其他一日活动内容和形式基本保持一致。根据幼儿出勤情况，剔除阶段性或经常性缺勤幼儿，实验班最终研究对象为 21 名幼儿，对照组为 15 名幼儿。

（二）测查工具

本研究采用卢玲编制的《学前儿童情绪调节策略调查问卷》为测查工具，对两组被试者实施前测[9]，并向家长了解幼儿情绪调节能力发展情况。问卷共涉及 8 项情绪调节策略：认知重建、问题解决、寻求支持、替代活动、自我安慰、被动应付、情绪发泄和攻击行为。克龙巴赫系数 $\alpha=0.751$，表明内在一致性较好。前测结果显示，实验组和对照组幼儿情绪调节能力没有显著差异，同质性较高，故具有较强的可比性。

（三）实验过程

通过相关研究文献梳理，研究者将情绪教育方案内容划分为情绪认知、情绪理解、情绪表达和情绪调节 4 个部分，具体内容如图 1 所示。

研究者采用主题教学模式对实验组幼儿开展情绪教育。具体时间安排：每周二和周四为本园主题教学活动日。活动形式包括区域活动、讨论活动、分组活动以及集体活动。

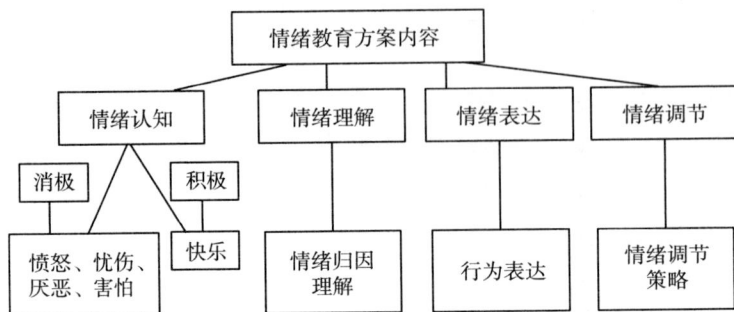

图 1　情绪教育方案内容划分

1. 区域活动

实验组活动室创设有图书区、科学区、角色区（理发店）、表演区、美工区、建筑区、拼插区等区域，教师根据幼儿兴趣投放材料，幼儿根据自己的兴趣选择进入相应的区域开展活动，为避免幼儿漫无目的地进入区域活动，教师在事前通常会引导幼儿制定自己的区域活动计划，并鼓励幼儿按计划开展活动，具体内容见表1。

表 1　区域活动主要内容

活动主题	区域名称	主要活动内容
认识心情	图书区	投放《头脑特工队》图书和音频，了解乐乐、忧忧、怒怒、厌厌、怕怕5种不同的心情
	角色区	投放各种颜色的皱纹纸、毛根、毛线、酸奶盒，引导幼儿尝试为乐乐、忧忧、怒怒、厌厌、怕怕设计发型
	表演区	投放表现不同心情的音视频，引导幼儿尝试根据不同的音视频选择表现相应的心情
	美工区	投放各种彩纸、彩笔、面具模型，引导幼儿制作心情面具
	建筑区	提供不同颜色的由即时贴包装的积木，引导幼儿搭建表现不同心情的房子
	拼插区	提供不同颜色的小积木和乐高积木，引导幼儿拼插表现不同心情的房子
理解心情	图书区	投放《我的感觉》系列绘本，引导幼儿尝试理解五种不同的心情
	表演区	投放表现不同心情的头饰、面具等，引导幼儿尝试表演
	美工区	投放各种彩纸、彩笔，引导幼儿用绘画方式讲述自己的心情故事

（续）

活动主题	区域名称	主要活动内容
记录心情	图书区	投放《托马斯情绪管理》系列绘本，引导幼儿尝试和同伴分享自己的心情故事或分析故事里人物的心情
	表演区	投放表现不同心情的头饰、面具等，引导幼儿根据不同音乐尝试用肢体表现不同的心情
	美工区	投放各种彩纸、彩笔，引导幼儿用绘画方式绘制自己的心情日记
改变心情	图书区	投放《小熊维尼情绪管理》系列书籍，引导幼儿了解心情管理方法
	表演区	投放表现不同心情的音乐、头饰、面具、服装等，引导幼儿尝试选择不同造型创编不同的心情故事
	美工区	投放各种彩纸、彩笔，引导幼儿尝试创编心情剧本，并制作心情小人
	建筑区	提供由不同颜色即时贴包装的积木，引导幼儿为心情小人搭建舞台，并开展相关的表演活动
	拼插区	提供不同颜色的小积木和乐高积木，供幼儿拼插舞台使用
	科学区	提供电线、小电珠、小电池等，引导幼儿探索设计小舞台的灯光

2. 讨论活动

教师根据幼儿活动中存在的问题以及接下去要开展的活动组织幼儿进行讨论。例如在组织开展心情记者活动前，教师首先组织幼儿讨论应该怎么当小记者。活动结束后，教师又组织幼儿集体讨论如何解决活动过程中碰到的问题，具体内容见表 2。

表 2　讨论活动主要内容

活动主题	讨论活动内容
认识心情	怎样表现不同的心情、如何装饰心情面具等
理解心情	托马斯为什么会感到害怕、伤心、厌烦、生气
记录心情	怎样让别人知道我们每天的心情
改变心情	当出现不良的心情时，我们该怎么办

3. 分组活动

教师依据幼儿的经验和兴趣，组织幼儿开展分组活动。例如在开展心情记者活动时，教师将幼儿分成了 4 个小组，两位带班老师各带两个小组，分别了解不同人的不同心情调节方法，同时记录采访结果，具体内容见表 3。

表 3　分组活动主要内容

活动主题	分组活动内容
认识心情	设计、制作、装饰心情面具
理解心情	绘制心情故事、创编心情剧本
记录心情	用肢体动作表现情绪、绘制情绪日记
改变心情	开展小记者活动、表演舞台剧

4. 集体活动

以上 3 个阶段的活动结束后，进入集体活动阶段，即教师组织幼儿开展正式的戏剧表演活动。教师引导幼儿通过投票方式选定剧本后，再让幼儿以讨论方式选出演员、导演、幕后制作、宣传员等人选。导演主要负责提示幼儿按照剧本演出；幕后制作主要负责演员服装的制作，通常需调动家长资源；宣传员主要负责海报制作，海报需完全由幼儿自主设计制作，并到园内其他班级进行宣传。最后，请园内部分教师、幼儿以及部分幼儿家长来担任观众。

5. 家长访谈

研究者根据活动进展及幼儿表现情况，随时对实验组幼儿家长进行访谈，以了解家长对幼儿园开展情绪教育的态度及幼儿的日常情绪表现，为研究者后续的分析提供依据。

二、研究结果与分析

本研究从 2016 年 3 月中旬开始，至 2016 年 7 月上旬结束，其间对实验组开展了 17 次情绪教育干预活动。

（一）情绪教育干预活动的量化分析

为检验情绪教育的干预效果，研究者对实验组幼儿的情绪调节状况做了前后测比较。从表 4 可以看出，实验组幼儿在认知重建、问题解决、寻求支持、替代活动、自我安慰 5 种积极调节策略上的后测得分均高于前测。被动应付、情绪发泄和攻击行为 3 种消极情绪调节策略的后测得分均低于前测，其中攻击行为前后测呈显著性差异。可见，情绪教育干预活动的实施有效增加了幼儿积极情绪调节策略的使用频率，减少了消极情绪调节策略的使用频率。

对照组幼儿情绪调节策略前后测得分比较（表 5）发现，各维度均无显著性差异。

　　研究者对实验组与对照组幼儿情绪调节策略后测得分进行的比较发现，除情绪发泄外，实验组幼儿消极策略均低于对照组。积极情绪调节策略得分亦均高于对照组。其中认知重建、问题解决策略与对照组有显著差异。这说明情绪教育干预活动有利于幼儿认知重建、问题解决等建构性情绪调节策略的使用。

表 4　实验组情绪调节策略前后测得分比较

维度	测试时间	N	均值	标准差	T	Sig（p）
认知重建	前测	21	2.007	0.455	−3.720	0.001***
	后测	21	2.659	0.658		
问题解决	前测	21	2.810	0.552	−2.254	0.036*
	后测	21	3.157	0.555		
寻求支持	前测	21	2.563	0.388	−2.258	0.035*
	后测	21	3.089	0.542		
替代活动	前测	21	2.569	0.523	−2.540	0.019*
	后测	21	3.258	0.451		
自我安慰	前测	21	1.762	0.677	−1.790	0.089
	后测	21	2.000	0.822		
被动应付	前测	21	2.341	0.564	1.541	0.139
	后测	21	1.900	0.528		
情绪发泄	前测	21	1.700	0.537	1.805	0.086
	后测	21	1.505	0.337		
攻击行为	前测	21	2.071	0.700	2.430	0.025*
	后测	21	1.417	0.556		

注：*** 表示 $p<0.001$，** 表示 $p<0.01$，* 表示 $p<0.05$。

表 5　实验组与对照组情绪调节策略前后测得分比较

维度	班级	N	均值	标准差	T	Sig（p）
认知重建	实验组	21	2.659	0.455	0.792	0.008**
	对照组	15	2.500	0.745		
问题解决	实验组	21	3.157	0.552	1.494	0.032*
	对照组	15	2.914	0.353		
寻求支持	实验组	21	3.089	0.388	1.575	0.814
	对照组	15	2.881	0.391		

（续）

维度	班级	N	均值	标准差	T	Sig（p）
替代活动	实验组	21	3.258	0.523	0.995	0.463
	对照组	15	3.086	0.507		
自我安慰	实验组	21	2.000	0.822	0.821	0.287
	对照组	15	1.800	0.544		
被动应付	实验组	21	1.900	0.528	−1.361	0.594
	对照组	15	2.143	0.530		
情绪发泄	实验组	21	1.700	0.337	0.241	0.063
	对照组	15	1.661	0.481		
攻击行为	实验组	21	1.417	0.556	−1.539	0.580
	对照组	15	1.714	0.582		

注：** 表示 $p<0.01$，* 表示 $p<0.05$。

（二）情绪教育干预活动的质性评估

1. 家长反馈

通过访谈，家长反映幼儿在情绪调节策略的使用上发生了一些变化。幼儿所使用的情绪调节策略趋于多元化：尝试解决问题以调整情绪，"他参加故事大赛，忘了把精心制作的道具带上，我以为他会像以前那样生闷气，没想到他去找老师说明了情况，解决了这件事"；从不同角度思考问题，以改变不良情绪，"没给他买魔幻车神乐高积木时，不像以前那样无理取闹了，反而说以后商店里会有更大的乐高积木，可以买更大的了"；采用转移注意力的方法调整情绪，"本来我们计划好要去烟台玩的，但姥姥突然病了，去不成了，我们以为他会哭闹，没想到他自己跑到房间玩玩具去了"。虽然有幼儿仍会用哭闹等消极情绪调节策略，但次数明显减少，整体向积极方向发展，这说明本情绪教育干预方案是有效的。幼儿人际关系方面也得到了改善，很多家长认为，幼儿"更愿意与父母沟通了""喜欢和朋友玩了""有了朦胧的团队意识"。

2. 研究者观察

研究者通过以下几个幼儿在真实生活情境下的情绪、行为表现实例，对幼儿情绪调节能力的发展状况进行解读。

实例一：大宝和越越在拼插区拼战斗车，一会儿，大宝跑来说："老师，我想要那个白板，但是被越越拿走了，我跟他说了好多次，他都不肯给我。""那你还有没有其他办法呢？"大宝想了一会儿说："有了，我可以跟他猜谜语，他最喜欢这样了。"过了一会儿，我来到拼插区，发现他们俩玩得很好，"你们的事情解决了？""解决了，我猜对了他的谜语，他就给我了，哈哈。"

实例二：航航和路路在棋类区玩跳跳棋，这时乐乐走了过来说："我要玩这个。"他一边说一边拿起棋子开始下。"你干什么啊，我们正玩呢。"航航和路路不高兴了。三人僵持了一会儿，航航对路路说："反正我们也已经玩够了，就让他玩吧，走，我们去建筑区。"

实例三：林林和同伴玩足球游戏输了，大哭起来，丫丫看到了，赶忙跑过来问："你怎么了，发生什么事了？"林林仍然哭，没有回答。丫丫接着说："伤心的时候可以深呼吸。"林林听后愣了下，然后和丫丫一起深呼吸，可没一会儿又哭了起来，"深呼吸也没用啊！"哭了一会儿他突然停了下来说："我还是去找航航聊天吧。"后来林林说他跟好朋友聊聊天就不那么难过了。

实例四：一诺从家里带来一张漂亮的宝石贴画，想跟小朋友们分享。但活动时太投入了，她把宝石贴画随手放了一张椅子上。等活动快结束时，她才想起了自己的贴画，但发现上面已少了好几个宝石。她大哭起来。泡泡见状，连忙跑到卫生间去拿纸给她擦眼泪，"你怎么了？"一诺说了缘由后，泡泡抱住她，安慰她，其他小朋友也闻声赶来，有的拉着一诺的手，有的拍拍一诺的背，有的对她说："我们可以找老师帮我们找啊！"一诺听了，停止了哭泣，转身找老师去请求帮助解决这个问题了。

以上几则实例说明，幼儿已逐步学会使用积极的情绪调节策略来调整自己的情绪了。例如实例一中的大宝采用了问题解决策略，主动通过适应性行为（投其所好）来摆脱自己面临的困境；实例二中航航采用认知重建策略，以积极认知方式（已经玩够了）来看待引起他负性情绪的不良事件。除调节自己的负性情绪外，幼儿通过识别、理解他人情绪，还发展出了帮助他人调控情绪的利他行为。例如实例三、四中同伴伤心时，幼儿能主动给予言语、行为上的安慰和支持，甚至主动为之出谋划策，帮助陷入困境的幼儿调节负性情绪。而且，幼儿在这个过程中还产生了共情，学会了关心他人。从实践效果看，幼儿的情绪能力都得到了不同程度的提升。

三、讨论

本研究的前后测差异性检验显示，实验组在干预后的认知重建、问题解决、寻求支持、替代活动、自我安慰 5 种积极情绪调节策略上均有显著增强。对照组则差异不显著，这说明，本项情绪教育干预方案有效改善了幼儿情绪调节策略的使用状况，增加了幼儿积极情绪调节策略的使用频率，减少了消极情绪调节策略的使用，而对实验组与对照组的对比分析发现，实验组幼儿逐步更多倾向于使用认知重建和问题解决这类具有积极建构意义的策略。

本研究采用的是当下许多幼儿园教师所熟悉的主题教学模式，在一日生活的各种互动情境中，为幼儿提供情绪能力练习机会，从而促进了幼儿情绪调节能力的发展。但是，本研究也存在某些不足。一方面，本研究只在研究者自己所带的中班开展，被试者偏少，实验结果难以推及不同地区、不同等级的幼儿园，且不同年龄段幼儿的情绪教育方案设计也有待进一步探讨；另一方面，本研究尚未充分发挥幼儿家长的作用，未能系统设计拓展性且操作性较强的涉及家庭成员参与的情绪教育活动，以引导家长对幼儿开展有效的情绪教育。以上不足是今后研究的方向。

参考文献：

[1] HYSON M C. Learning through feeling：Children's development，teachers'beliefs and relationships，and class. room practices［J］. Early Childhood Research Quarterly，1990，（4）：475-494.

[2] 陈帼眉. 学前儿童心理学［M］. 北京：人民教育出版社，2003：290.

[3] GOLEMAN D. Emotional intelligence［M］. New York：Bantam Dell Pub Group，1995.

[4] SLOMKOWSKI C，DUNN J. Young children's understanding of other people's beliefs and feelings and their connected communication with friends［J］. Develop. mental Psy-

chology，1996，32（3）：442－447.

［5］乔建中．情绪心理与情绪教育［M］．南京：江苏教育出版社，2001：36.

［6］俞国良．健康从幼儿的心灵抓起［N］．中国教育报，2004－11－26.

［7］冯晓霞．幼儿园课程［M］．北京：北京师范大学出版社，2001.

［8］陈淑琴．幼儿教师主题教学信念与教学行为之研究［J］．台中教育大学学报，2007
　　　（3）：27－52.

［9］卢玲．促进4～5岁幼儿情绪调节能力发展的实践研究［D］．重庆：西南大学，2011.

图书在版编目（CIP）数据

幼儿园科研课题研究指南／吴采红等编著 . —北京：
中国农业出版社，2020.6
ISBN 978-7-109-27195-1

Ⅰ.①幼…　Ⅱ.①吴…　Ⅲ.①学前教育－科研课题－
教育研究－指南　Ⅳ.①G61－62

中国版本图书馆 CIP 数据核字（2020）第 150773 号

中国农业出版社出版

地址：北京市朝阳区麦子店街 18 号楼
邮编：100125
责任编辑：刁乾超　文字编辑：黄璟冰
版式设计：王　怡　责任校对：赵　硕
印刷：北京中兴印刷有限公司
版次：2020 年 6 月第 1 版
印次：2020 年 6 月北京第 1 次印刷
发行：新华书店北京发行所
开本：700mm×1000mm　1/16
印张：15
字数：220 千字
定价：58.00 元
